"一带一路"背景下
国际友好城市建设的地方实践
——以广西为例

LOCAL PRACTICES IN THE DEVELOPMENT OF
FRIENDSHIP CITIES IN THE CONTEXT OF
THE "BELT AND ROAD INITIATIVE"
——A CASE STUDY OF GUANGXI

唐甜薇◎著

中国出版集团有限公司
研究出版社

图书在版编目 (CIP) 数据

"一带一路"背景下国际友好城市建设的地方实践：
以广西为例 / 唐甜薇著. — 北京 ：研究出版社，2025.
6. -- ISBN 978-7-5199-1946-7

Ⅰ．D822.2

中国国家版本馆 CIP 数据核字第 2025PD9486 号

出 品 人：陈建军
出版统筹：丁　波
策划编辑：寇颖丹
责任编辑：韩　笑

"一带一路"背景下国际友好城市建设的地方实践

"YIDAI YILU" BEIJINGXIA GUOJI YOUHAO CHENGSHI JIANSHE DE DIFANG SHIJIAN

——以广西为例

唐甜薇　著

研究出版社 出版发行

（100006　北京市东城区灯市口大街100号华腾商务楼）

北京建宏印刷有限公司印刷　新华书店经销

2025年6月第1版　2025年6月第1次印刷

开本：710毫米×1000毫米　1/16　印张：14.5

字数：207千字

ISBN 978-7-5199-1946-7　定价：69.00元

电话（010）64217619　64217652（发行部）

CONTENTS 目录

159 | 第七章
"一带一路"背景下加强国际友好城市建设的对策建议

导　言

　　国际友好城市是增进人民友谊、深化互利合作、促进文明互鉴的重要渠道，是服务国家发展大局和总体外交全局、促进地方经济社会发展的重要抓手。国家主席习近平高度重视国际友好城市工作，指出国际友好城市活动已成为中国同有关国家双边关系的重要组成部分，强调要大力开展国际友好城市工作，促进中外地方政府交流，推动实现资源共享、优势互补、合作共赢。当前，为深入贯彻落实党中央赋予广西的重大使命，广西正在加快打造国内国际双循环市场经营便利地，深度融入共建"一带一路"，以高水平开放促进高质量发展，更好服务党和国家对外工作大局。作为以高水平开放促进高质量发展的重要平台，广西国际友好城市工作开展 40 多年来取得了丰硕成果，国际友好城市遍布亚洲、欧洲、美洲、大洋洲和非洲，数量长期位列全国第四，其中东盟国际友好城市数量更是多年位居全国第一，积累了丰富的对外交往经验、形成了鲜明的特色亮点，为服务我国总体外交和广西经济社会发展作出了重要贡献。广西发展国际友好城市具有区位优势、人文优势和合作优势，然而由于资源禀赋、历史人文、发展水平、管理体系等方面原因，广西国际友好城市工作仍存在发展不平衡、实质性交往不足、参与群体不够广泛等问题，影响了国际友好城市作为地方重要外事资源和渠道作用的发挥。进入新时代，"一带一路"倡议为国际友好城市合作指明了新方向，拓展了新空间，创造了新机遇。与此同时，风云变幻的国际形势和沿线地区复杂的国情民情，也使广西国际友好城市交流合作面临挑战。在这样的背景下，如何发挥优势、改进管理、把握机遇、应对挑战，成为新时代广西国际友好城市工作由高速增长转向高质量发展需要解决的关键问题。为探讨问题的解决方法，本书以习近平新时代中国特色社会主义思想为根本遵循，以习近平总书记关于"一带一路"的重要论述和关于国际友好城市工作的重要论述为引领，一方面对现有学者的国际友好城市相关理论进行梳理研究，得出"一带一路"与国际友好城市相契合的理论用于指导实践；另一方面选取了云南省和江苏省依托"一带一路"推动国际友好城市建设的经验作为参考借鉴，从思想认识、顶层设计、政策举措、工作机制、资源利用、内容方式、要素保障、宣传推介等方面提出"一带一路"背景下广西国际友好城市建设的对策建议。本书的研究有利于推进广西国际友好城市建设，对我国其他省份推动国际友好城市建设工作也具有一定的指导和参考意义，能够丰富我国在城市外交和公共外交领域的理论创新，为我国外交事业进一步全面深化改革提供理论支撑。

本书共包括如下七个部分：

第一章为"一带一路"建设与国际交流合作。推进"丝绸之路经济带"和"21世纪海上丝绸之路"建设，是中国国家主席习近平统筹国内国际两个大局，顺应地区和全球合作潮流，契合沿线国家和地区发展需要，立足当前、着眼长远提出的重大倡议和构想。党的十八大以来，习近平总书记关于"一带一路"建设发表了一系列重要论述，是我们研究"一带一路"和推进"一带一路"实践的根本遵循。首先要把握"一带一路"建设的问题导向。面对逆全球化的问题，坚持维护经济全球化；通过改变不合理的世界秩序，推动全球治理体系变革；直面非传统安全威胁，构建新安全观；应对发展挑战，创造新的发展机遇。其次要了解"一带一路"建设秉持的丝路精神。习近平总书记强调："坚持以和平合作、开放包容、互学互鉴、互利共赢为核心的丝路精神，携手推动'一带一路'建设行稳致远，将'一带一路'建成和平、繁荣、开放、创新、文明之路。"丝路精神是共建"一带一路"的重要精神，是推动"一带一路"建设行稳致远的基本遵循。再次要理解"一带一路"的基本内容。政策沟通、设施联通、贸易畅通、资金融通和民心相通不仅是"一带一路"战略衔接的出发点和共建共商共享的主要内容、着眼处与目标导向，还是形成内外联动、海陆统筹对外开放新布局的重要抓手。最后要把握"一带一路"建设的基本趋势。"一轴两翼"是"一带一路"倡议在区域合作上的趋势。目前已逐步形成以亚洲国家和地区为合作主轴，以非洲、中东和中东欧国家和地区为区域合作的"西翼"，以拉美国家为区域合作的"东翼"的全球区域合作格局。产业经贸不断深化是合作内容上的趋势。"一带一路"要实现高质量发展，根本在于构建互利共赢的产业链、供应链合作体系，不断深化国际产能合作，夯实跨境产业链基础，扩大双向贸易和投资。"引进来"和"走出去"战略体现了"共建共享共融"的合作理念，通过深入挖掘多方投资潜力，推动生产要素自由流动，实现资源高效优化配置以及市场深度融合。

第二章为国际友好城市的理论及发展历程。首先是梳理国内外的研究。国外对友城和地方政府开展对外交往的研究较早，主要围绕次国家政府、城市外交、国际友好城市三个方面展开。根据本书的主题和行文逻辑，将国内学者对友城的研究分为对友城基础理论的研究、我国友城的研究、"一带一路"背景下城市外交或国际友好城市建设研究、广西次国家政府外交或广西国际友好城市建设的研究四个方面，通过简要梳理中外友城理论发展的历史脉络，为后文研究和展望提供理论指导。其次是阐释国际友好城市的理论和概念。在我国，"友好城市"系指我国省、自治区、直辖市及所辖城市与外国省（州、县、大区、道等）、城市之间建立的联谊与合作关系，具有促进政治、经济、文化和各领域合作交流的功能。国际友好城市最早起源于"一战"后的欧洲，"二战"后在西欧蓬勃发展起来，随着交往范围不断扩展，许多西方国家与东欧社会主义国家建立友城，发达国家与发展中国家建立友城。最后是介绍我国的友城工作。我国友城工作经历了四个发展阶段：1973年至1977年的起步探索阶段、1978年至1991年的快速发展阶段、1992年至2012年的全面发展阶段、2013年至今的新时期阶段。我国的友城工作由中国人民对外友好协会主管，归口外交部领导，地方的友好城市工作归口各省、自治区和直辖市人民政府外事办公室主管。我国友城工作具有半官方半民间的性质，呈现出稳定性、全面性、地方性、补充性的特点。新时代友城工作要以习近平外交思想为遵循，以习近平总书记关于友城工作的重要论述为引领，才能服务好国家发展大局和总体外交全局、促进地方经济社会发展。

第三章是"一带一路"与国际友好城市建设。国际友好城市交往推动贸易畅通和民心相通的实现，并促进政策沟通、设施联通和资金融通的发展，从而助推"一带一路"倡议的实施。"一带一路"倡议通过缩短时空距离、搭建机制平台、拓展合作领域为国际友好城市发展提供机遇，推动国际友好城市从浅层互联走向深度互嵌。"一带一路"建设的理论旨归是构建人类命运共同体，友城交往是践行"三大全球倡议"的重要平台，两者共同推动构建人类命运共同体的实现。

第四章是广西国际友好城市的发展和现状。从时间要素分析，广西友城的发展分为三个阶段：1979—2003年的起步阶段、2004—2015年的快速发展阶段和2016年至今的高质量发展阶段。根据空间要素，广西结好国际友好城市数量排名第一的是亚洲，其中与越南结好的友城最多。根据结好时间、友城数量和增长速度，广西各地的友城工作分为持续强劲型、奋起直追型、稳健发展型和动力不足型。40多年来，广西国际友好城市通过凸显工作亮点、突出发展重点、活动形式多样，积极发挥区位优势服务国家总体外交、开展人文交流促进民心相通、加强经贸合作推动高水平对外开放、拓展各领域交流实现互利共赢，取得了丰硕的成果。此外，广西运用毗邻东盟、拥有较为先进的教育医疗水平等优势，为"一带一路"沿线尤其是东盟国家友城提供帮助，切实推进"一带一路"政策沟通、设施联通、贸易畅通、资金融通、民心相通建设，形成了许多可复制可推广的经验。

第五章是"一带一路"背景下广西国际友好城市建设的 SWOT 分析。"一带一路"背景下广西发展国际友好城市具有区位优势、人文优势等合作优势，然而仍存在经济基础薄弱影响友城发展质量和交往积极性、发展不平衡、实质性交往不足、对友城认识不足、友城工作管理体系不够完善、全区大友城格局未形成统一合力、友城工作保障支撑不足等问题，影响了国际友好城市作为地方重要外事资源和渠道作用的发挥。随着共建"一带一路"走深走实，广西在"五通"的建设方面取得良好成效，为国际友好城市工作深化拓展带来巨大发展机遇和有力支撑。与此同时，广西国际友好城市交流合作面临着地缘政治风险与制度性合作、经济效益和经济成本平衡，以及跨文化融合等挑战。未来，广西国际友好城市建设既要保持优势、规避劣势，也要把握机会、努力应对各种外来挑战，综合运用 SWOT 分析的战略组合，推动友城工作高质量发展。

第六章是国内部分省区国际友好城市建设经验。为给广西友城工作提出更好的对策建议，启发未来发展方向，选取了友城工作较为典型且对广西具有借鉴意义的云南、江苏两个省份的经验进行分析。云南与广西相邻，两省具有较多相似性又各具特色，云南的国际友好城市工作经验对广西具有一定借鉴意义。江苏省友城数量多年持续保持全国第一，为全国友城工作最活跃的省份，其友城工作在全国友城工作中具有标杆地位，未来的发展方向也为国内各省友城发展提供了方向标，因此其国际友好城市建设的先进经验值得广西学习和借鉴。

第七章是"一带一路"背景下加强国际友好城市建设的对策建议。当前，为深入贯彻落实党中央赋予广西的重大使命，广西正在加快打造国内国际双循环市场经营便利地，深度融入共建"一带一路"，以高水平开放促进高质量发展，更好服务党和国家对外工作大局。作为以高水平开放促进高质量发展的重要平台，广西友城工作要结合新时代要求，解放思想与时俱进，在顶层设计、政策举措、工作机制、资源利用、内容方式、要素保障、宣传推介等方面发力，既要立足当前，做好眼下的工作，又要有前瞻性思考，统筹考虑短期应对和中长期发展，久久为功，推动友城工作由高速增长转向高质量发展。

　　综上所述，本书旨在分析"一带一路"背景下的广西国际友好城市建设如何通过保持优势、规避劣势、把握机会、应对挑战以更好服务国家总体外交和地方经济社会发展。为此，本书运用了多种方法开展研究：一是文献研究法。通过对国际友好城市发展历史和理论作较为完整的回顾，系统性收集国内外国际友好城市有关理论和案例研究的资料，按照类别进行梳理，吸纳优秀观点和分析不足之处后形成研究述评，在此基础上提出本书的创新点并推进理论研究的发展。同时，收集国家和地方统计部门发布的统计报告和统计年鉴，中国友协、地方外事办和团体官网数据，权威媒体或有关单位发布的新闻报道，各级政府部门公布的政策法规、规划总结和国际友好城市案例，等等。以期全面了解广西融入"一带一路"倡议的政策举措和实施情况，反映广西国际友好城市在经济、文化、外事等方面的活动。二是调研访谈法。通过调研与广西国际友好城市工作人员、外国国际友好城市来访人员等深度访谈，收集国际友好城市在各主体中的了解和评价情况，以期从多主体角度了解国际友好城市工作取得的效果、存在的问题和对未来发展的期待等。三是比较分析法。对云南省和江苏省的国际友好城市建设经验进行研究梳理，通过分析比较为广西国际友好城市建设提供有益借鉴。四是定性分析和定量分析相结合。对国际友好城市发展阶段、类型等用定性分析的方式总结和归纳。对广西省市县三级国际友好城市的数据用定量分析方法，以期直观展示广西国际友好城市的发展和变化情况。五是SWOT分析法。通过SWOT分析，可以看出"一带一路"背景下的广西国际友好城市建设所具有的优势和劣势以及所面临的机遇和威胁。通过矩阵分析建立起来的SO、WO、ST、WT四种组合，把影响广西友城工作的有利因素和机遇联系在一起，将创新路径重点放在增长型策略和多种经营策略上；同时，利用扭转型策略和防御型策略来规避其风险和完善不足，根据广西友城工作现状提出有针对性的发展对策。

就理论价值而言，本书一是创新性提出了"一带一路"与国际友好城市相契合的理论。不同于现有研究仅将"一带一路"作为宏观背景研究国际友好城市建设，本书创新性阐释了"一带一路"与国际友好城市相契合的理论，为"一带一路"背景下国际友好城市如何把握机遇、应对挑战，以及国际友好城市如何推动"一带一路"发展提供理论支撑。二是拓展了研究国际友好城市的不同视角。现有研究主要从国家层面、省级层面或某个市等单方面视角研究国际友好城市，本书对一个省从自治区、设区市和县（市、区）三级形成的"大友城"网络的视角出发，着重研究同一个省内不同城市发展国际友好城市的差异，并根据数量、增长率等要素，初步探索将不同城市分为四种类型，以便制定差异化发展策略。

就应用价值而言，本书一是对国际友好城市来桂人员进行深度访谈，对广西、云南等对外人民友好协会等开展调研咨询，获得了丰富的第一手资料，通过对大量翔实数据和案例进行对比分析和论证，得出了较有针对性的对策建议。二是为地方推动国际友好城市高质量发展应该如何因地制宜运用国家层面的政策与地方"一带一路"政策相衔接，如何把握机遇和应对挑战提供了参考借鉴。

第一章

"一带一路"建设与
国际交流合作

推进"丝绸之路经济带"和"21世纪海上丝绸之路"建设，是中国国家主席习近平统筹国内国际两个大局，顺应地区和全球合作潮流，契合沿线国家和地区发展需要，立足当前、着眼长远提出的重大倡议和构想。党的十八大以来，习近平总书记关于"一带一路"建设发表了一系列重要论述，这些论述是我们研究"一带一路"和推进"一带一路"实践的根本遵循。

一、"一带一路"建设的问题导向

"一带一路"倡议的提出具有鲜明的时代特点和丰富内涵，是以问题为导向而提出的重大战略举措。在新时代把握"一带一路"倡议，要坚持问题导向，牢牢把握其蕴含的问题意识。

1. 反对逆全球化，坚持维护经济全球化

自西方工业革命以来，经济全球化逐步变成现实。马克思在《共产党宣言》中形象地分析了西方资产阶级开辟世界市场所形成的世界性影响。"资产阶级，由于开拓了世界市场，使一切国家的生产和消费都成为世界性的了。……过去那种地方的和民族的自给自足和闭关自守状态，被各民族的各方面的互相往来和各方面的互相依赖所代替了。物质的生产是如此，精神的生产也是如此。各民族的精神产品成了公共的财产。民族的片面性和局限性日益成为不可能，于是由许多种民族的和地方的文学形成了一种世界的文学。"[1]诚如马克思所言，近代以来资本主义在世界范围内的扩张打破了民族国家的疆界，使世界各民族都被纳入世界经济体系之中。随着经济全球化的不断推进，世界各国彼此的联系与交往日益紧密，经贸合作交流日益加深。不

---

[1] 马克思、恩格斯：《马克思恩格斯选集（第一卷）》，人民出版社2012年版，第404页。

过，在经济全球化的过程中，反全球化的思潮也一直存在。一方面，一些发展中国家在经济全球化过程中受到冲击，其民族工业在世界市场中缺乏竞争力；另一方面，一些发达国家利用经济全球化对欠发达国家和地区进行不公正的剥削，导致世界范围内的贫富差距扩大。甚至一些发达国家在全球化过程中受益之后，采取贸易保护主义、技术保护主义的单边垄断方式对待全球化，不公平地维护既得利益。中国是经济全球化的重要参与者、受益者与贡献者。自改革开放以来，中国积极融入世界经济全球化浪潮之中。加入 WTO 之后，中国开放程度越来越高，开放水平越来越高，迅速成为"世界工厂"，中国经济总量快速跃居世界第二。可以这么说，中国是经济全球化进程中的受益者。因此，坚决维护经济全球化，实现从要素型开放向制度型开放转变，不断提高对外开放水平，是推动新时代中国发展的重要战略。推进"一带一路"建设，是以更主动的姿态融入世界经济全球化进程的重大举措。

2. 改变不合理的世界秩序，推动全球治理体系变革

经济全球化的进程也推动形成了以西方资本主义国家为主导的现代世界秩序。然而，西方主导的现代世界秩序存在不平等的结构，对非西方的发展中国家而言，这种不平等是具有支配性的，是在近代以来的历史发展过程中形成的。随着西方工业革命的兴起与资本主义的世界扩张，资本成为超越民族国家疆界的力量，而以资本为依托的跨国公司在现代世界体系中发挥着举足轻重的作用。世界范围内以自由竞争为特征的资本扩张使全球治理成为一个难题。在西方发达国家主导的现代世界体系之中，世界秩序的规则制定权是由少数西方发达资本主义国家掌控的，它们在制定规则时毫无疑问会从自身利益出发。为维护其在世界秩序中的既得利益，它们损害其他发展中国家的利益，进而形成由少数发达国家组成的利益分赃共同体。这样一来，西方发达国家通过国际金融、国际规则等对发展中国家进行不合理盘剥，其在全球产业链、供应链、价值链中处于绝对优势的地位，世界市场中的利润绝大多数流向西方发达国家。虽然在世界体系中西方发达国家占据优势地位，但并没有承担起应有的世界责任。以 2008 年国际金融危机为例，美国金融危机演化为波及全球的金融危机，在很大程度上成为美国向世界转嫁自身危机的重大事件，这充分说明西方主导的世界体系存在诸多不合理。自改革开放以来，随着中国经济社会快速发展，中国经济总量快速跃居世界第二。在经济社会发展过程中，一方面，中国在参与经济全球化的过程中享受全球化带来的红利；另一方面，中国也深刻认识到全球治理体系中存在的各种问题。推进"一带一路"建设，推动构建更合理、更公平的世界新秩序，积极为全球治理体系变革提供"中国智慧"和"中国方案"，这是中国应有的世界担当。

3. 直面非传统安全威胁，构建新安全观

和平与发展成为当今世界的主题，这为世界各国发展提供了稳定的、可预期的国际发展环境。随着 20 世纪末"冷战"的终结，世界性的军事冲突和安全威胁大幅度减少。然而，在"冷战"终结之后，非传统的安全威胁成为人类社会亟须直面的重大挑战。尤其是美国"9·11事件"暴发之后，以恐怖主义为典型形式的非传统安全威胁着世界的和平与发展。除恐怖主义外，宗教极端主义、民族分裂主义、环境污染、难民潮等成为 21 世纪世界各国必须应对的重大问题。与传统军事威胁所造成的巨大破坏性相比，非传统安全威胁看似破坏性较小，但其危害具有间接性、隐性，影响范围更广。事实上，诸多非传统安全问题在很大程度上是不合理的国际秩序造成的，特别是与全球贫富差距扩大造成发展中国家发展滞后、人民生活贫困等问题。更为重要的是，在信息化时代，先进的信息技术与传统的社会治理能力之间存在明显的鸿沟，传统的社会治理工具和治理方式难以有效应对网络治理需求。信息化的快速发展使网络诈骗、网络攻击、网络恐怖主义等非传统安全威胁成为全球性的问题。此外，随着中国经济发展，在参与世界经贸交流合作过程中，也面临着宗教、文化等非传统安全挑战。因此，在"冷战"终结之后，非传统安全威胁上升为一种新的问题，亟须树立新的安全观。随着"一带一路"倡议实施，中国推进与"一带一路"沿线国家和地区的经贸交流合作，在非

传统安全领域加强合作，积极应对非传统安全威胁的新挑战，成为维护世界和平与发展的坚定力量。

4. 应对发展挑战，创造新发展机遇

自 2008 年国际金融危机以来，世界经济复苏乏力，在经济全球化时代如何推动经济复苏实现快速发展是摆在各国面前的重大课题。对西方发达国家而言是如此，对发展中国家来说也是这样，都面临着加快发展的紧迫感。中国改革开放 40 多年来，在取得显著成就的同时，也面临着推动中西部地区发展、推动共同富裕的新课题。从全球产业转移规律来看，在改革开放之初，中国通过引进国外资金、技术、人才、管理等要素，极大推动了中国的现代化。现阶段，则通过加强对外投资深度融入世界经济体系。共建"一带一路"过程中，中国企业在加强沿线国家基础设施投资、经贸合作等方面积极走出去，推动其他国家共享中国发展成果。"一带一路"沿线大部分是后发展的欠发达国家和地区，带动这些国家和地区共同发展是中国重要的国际义务。在这个意义上，实施"一带一路"建设，对沿线国家和地区而言，乃至对世界其他国家和地区来说，都是巨大的发展机遇。一是产业发展机遇。在共建"一带一路"过程中，随着国际产能合作的深化，中国的一些先进优势产能将走出去，为其他发展中国家的基础设施建设注入强劲动力，而其他国家的先进优势产能也将进入中国市场获得巨大发展机遇。中国有超过 14 亿人口，是全球最大的市场，具有巨大的市场潜力。其他国家和地区的企业或产品在进入中国市场后将获得巨大的发展空间，为世界各国的产业发展和产业转型升级带来巨大机遇。二是金融发展机遇。"一带一路"建设需要巨额的投资资金，这些资金从哪里来？毫无疑问，中国向海外的投资为"一带一路"建设提供了金融支撑。随着"亚投行"和"丝路基金"的成立，"一带一路"建设有了强大的金融支持。随着"一带一路"建设的大力推进，各种金融创新产品将被创造出来，这为国际金融创新提供了巨大的发展机遇和发展红利。三是区域发展机遇。共建"一带一路"是在现行国际秩序和国际体系之下展开的，随着中国与"一带一路"沿线国家和地区深化交流合作，将促进不同国家和地区的区域发展，为技术、人才、管理、资金等方面的区域合作创造新的机遇。总而言之，对中国和世界而言，"一带一路"建设蕴含着无限的发展机遇。

二、"一带一路"建设的基本精神

"一带一路"建设所秉持的精神既是推动其实施的核心因素，也是影响其建设成效的内在驱动力。"一带一路"坚持正确的义利观，秉持中华优秀传统文化中的伦理精神，在对外关系上既弘扬正义和道义，又主张通过交流合作实现各自经济利益的共赢，进而做到义利兼顾、实现义利平衡，通过"一带一路"建设推动沿线国家和地区成为利益共同体、价值共同体、责任共同体。在 2017 年 5 月举办的"一带一路"国际合作高峰论坛开幕式上，习近平总书记在《推进"一带一路"建设》的主旨演讲中强调："坚持以和平合作、开放包容、互学互鉴、互利共赢为核心的丝路精神，携手推动'一带一路'建设行稳致远，将'一带一路'建成和平、繁荣、开放、创新、文明之路。"[①]丝路精神是共建"一带一路"的重要指引，是推动"一带一路"建设行稳致远的基本遵循。

1. 坚持和平合作，推动"一带一路"建成和平之路

和平与发展是当今时代的主题。在新的历史条件下，尤其是在经济全球化的背景下，进一步维护世界和平、推动世界发展是世界各国面临的重要使命。当今世界面临百年未有之大变局，虽然时代主题并未改变，但是世界的和平与发展面临着诸多挑战，国际形势的不确定性、不稳定性日益突出。特别是单边主义、贸易保护主义、大国霸凌行径等对全球治理提出了新挑战，

---

① 习近平. 以丝路精神将"一带一路"建成和平、繁荣、开放、创新、文明之路[EB/OL].(2017-05-14)[2021-08-17].http://www.chinanews.com/gn/2017/05-14/8223503.shtml.

以美国为首的西方国家固守"冷战"思维，大国博弈日趋激烈，对现有国际秩序造成了巨大的冲击。进入 21 世纪以来，随着新兴市场国家和发展中国家的群体性崛起，美国等西方发达国家影响力相对式微，原有的国际秩序格局面临深刻调整。共建"一带一路"秉持和平发展的理念，致力于构建新型的国际关系和国际秩序，这意味着，"一带一路"主张对话而不搞对抗，倡导结伴而不结盟。在实践中，充分尊重各沿线国家与地区的领土和主权完整，尊重各国尊严，尤其是充分尊重各主权国家自主选择的发展道路与社会制度，充分尊重彼此间的重大关切与核心利益，着力将"一带一路"打造为和平之路、发展之路。

2. 坚持共同发展，推动"一带一路"建成繁荣之路

促进经济发展是"一带一路"建设的重中之重。经过 40 多年的改革开放，中国经济得到了快速发展，自 2010 年以来，经济总量稳居全球第二，在西方模式和西方经验之外，中国走出了一条有别于西方的发展道路，为欠发达的后发展国家和地区实现经济发展提供了"中国经验"和"中国智慧"。事实上，中国的发展得益于中国积极参与世界范围的产业转移，主动承接了世界劳动密集型产业，逐步成为"世界工厂"。随着中国劳动力、土地等资源要素的成本逐步上升，中国企业也存在走出去的内在需求，希望积极参与"一带一路"沿线国家和地区的建设。另外，"一带一路"沿线国家和地区大部分是发展中国家和地区，普遍存在发展不平衡不充分的问题。因此，"一带一路"沿线国家和地区具有强烈的发展需求和发展愿望。共建"一带一路"，就是要紧紧围绕发展这个事关各国人民福祉的根本性问题，充分释放各国经济发展的巨大潜力，通过强化经贸合作实现中国与"一带一路"沿线国家和地区的大融合、大发展、大联动。要紧紧围绕国际产业合作，进一步强化产业的优势互补，通过建立跨国产业园区等方式，强化国际产能合作。进一步推动中国先进优势产能走出去，在推进"一带一路"沿线国家和地区的基础设施建设等方面发挥中国企业的优势；同时，积极将沿线国家和地区的优势产

业和优势产能引进中国，实现优势互补。要进一步建立健全稳定、可持续、风险可控的国际金融保障体系，进一步创新国际产业投资和融资模式。要重点围绕互联互通推动合作，扎实推进设施联通、民心相通等工作。此外，要在国际能源网、物流网、互联网等方面进一步推动联通对接，实现政策、规则、标准等多维联通。

3. 坚持开放包容，将"一带一路"建成开放之路

在改革开放的大背景下，中国主动融入世界经济发展之中，主动参与国际大循环，成为世界经济体系和全球产业链的重要组成部分。因此，开放是中国发展得以成功的重要密码。对中国而言，坚持开放是实现区域发展的内在要求。自改革开放以来，中国的对外开放得到极大发展，尤其是东部沿海地区的开放发展水平得到极大提升。但对中国的中西部地区而言，开放发展仍有巨大的提升空间。推进"一带一路"建设将加快中国中西部地区的开放发展，尤其是对沿边地区而言，可以使原来处于中国改革开放的末梢或者边缘地带成为"一带一路"开放合作的前沿和窗口，进而推动中国中西部与东部地区实现两翼齐飞、走向共同富裕。共建"一带一路"，要进一步打造开放合作的平台载体，推动开放的高质量发展，积极构建开放型世界经济。要进一步完善现行世界贸易规则，充分发挥联合国、世界贸易组织等的作用，积极构建合理、公正、公开、透明的国际经贸规则体系，推动从要素型开放向制度型开放转化。要加强双边、多边合作，推进跨国自由贸易试验区建设，紧紧围绕中国—东盟自由贸易区等开放平台载体下功夫，维护多边贸易体制，提升跨国投资和贸易的自由化、便利化水平，切实使"一带一路"成为促进沿线国家和地区发展的开放之路。

4. 坚持创新合作，将"一带一路"建成创新之路

创新是推动发展的重要力量，一个国家、一个民族要发展，离不开创新。对世界发展而言，创新也是内在驱动力。共建"一带一路"是促进经济全球化的重要创举，这意味着"一带一路"本身就是一个巨大的创新。对一个新事物，要以创新的理念、创新的办法、创新的模式来推动，要向创新要动力。新一轮科技革命和产业变革正在重构世界经济版图，如何紧紧把握新一轮科技革命和产业变革的历史机遇，事关每个国家和地区的发展前景。世界新兴产业正蓬勃发展，新一代电子信息、智能制造、生物医药、新能源新材料等产业发展日新月异。这些产业的培育与发展需要突破现有产业体制机制的束缚，需要在世界范围内整合市场、人才、资源、资金等要素。因此，共建"一带一路"坚持创新驱动发展，推动"一带一路"沿线国家和地区在数字经济、人工智能等前沿领域加强合作，进一步推动云计算、大数据、智慧城市建设，打造 21 世纪的数字丝绸之路。同时，要深化合作促进科技创新、科技金融等深入协同和融合，把创新作为推动"一带一路"的内在驱动力，把创新发展理念贯彻到"一带一路"建设的全过程。

5. 坚持文明互鉴，将"一带一路"建成文明之路

从世界近代史来看，西方发达国家在实现现代化的过程中伴随着殖民、奴役、压迫等不堪的历史，西方式现代化潜藏着对发展中国家的压迫与掠夺。在"冷战"结束后，一方面，以福山为代表的西方学者以意识形态的眼光煽情地宣称"历史终结"；另一方面，以亨廷顿为代表的西方学者以"文明冲突"描述未来世界的可能前景。在全球化背景下，中国在西方式现代化道路之外探索出一条不同于西方发展的中国式现代化道路，而中国的发展是在充分尊重各个主权国家、各文明形态的基础上取得的。这意味着，超越"文明冲突论"，中国是在坚持文明交流和文明互鉴的基础上得到快速发展的。"一带一路"沿线国家和地区拥有不同的文化传统，宗教信仰的差异性也很大。因此，共建"一带一路"，要进一步深化文明交流和文明互鉴，超越文明隔阂和文明冲突，坚持文明的平等性和多样性，以文化为纽带促进各个国家和地区的人民增进了解、增进尊重、增进信任。要进一步完善各文明之间的合作交流机制，建立健全多层次、宽领域的人文交流机制，通过跨国文化旅游、国际教育、国家交流等形式，推动"一带一路"沿线国家和地区在体育、文

化、卫生等方面加强合作，共同推动"一带一路"成为民心相通之路、文明之路。

三、"一带一路"建设的基本内容

政策沟通、设施联通、贸易畅通、资金融通和民心相通是"一带一路"倡议衔接的出发点和共建共商共享的主要内容，也是形成内外联动、海陆统筹对外开放新布局的重要抓手。

1. 政策沟通是"一带一路"建设的基本前提

只有了解各方的政策利益诉求，才能明确推进"一带一路"的路径选择。因此，推进"一带一路"建设的基本前提和重要保障是加强政策沟通、深化合作共识。既要加强政府间的政策沟通与务实合作，也要加强民间专业智库力量的交流合作，构建多层次政府间宏观政策沟通交流机制，深化利益融合，增强政治互信。政策沟通的首要目标是要通过与沿线各国就经济发展战略、举措以及发展路径进行多方交流，达成推进"一带一路"建设的基本共识。通过深入对接、共同研究推动区域合作规划，协商合作中存在的问题和纷争，为务实合作及大型项目建设提供政策支撑。政策沟通的根本目的就是要构建"一带一路"沿线国家和地区多层次政府间经济发展战略、宏观经济政策、重大规划项目对接的机制，形成目标趋向的战略、决策、政策和规则，结成更为巩固全面的"命运共同体"。

2. 设施联通是"一带一路"建设的桥梁和枢纽

基础设施的互联互通，特别是跨国间、跨区域间的基础设施互联互通是"一带一路"建设的优先领域和重要板块内容，也是影响"一带一路"建设发挥积极效应的重要因素。基础设施互联互通的前提是在尊重国家主权、领土完整以及彼此核心问题关切的基础上，重点加强基础设施的整体规划、技术标准套系等方面的对接，推进国际骨干设施通道建设，形成连接亚洲各次区域以及亚欧非之间的基础设施网络。保障基础设施建设的前提是制定行之有效的投资引导政策，有重点、有步骤地推动沿线各国与地区共商建设规划、共同设计技术标准，重点推进交通、能源和信息流等领域建设，构建起四通八达的交通网、能源网和信息网。特别是要加强区域间的互联互通，打通缺失路段，畅通瓶颈卡口路段，提升交通便利水平，使欧亚大陆与经济发展潜力巨大的广大腹地国家结成携手发展的利益共同体。

3. 贸易畅通是激发"一带一路"互利共赢活力的关键

贸易畅通首先要深入研究和重点解决制约双边和多边投资贸易便利化的问题，特别是要把消除投资贸易壁垒摆在首要位置，构建公平公正合理的国际经济新秩序。当前，与沿线国家和地区合作共商共建自由贸易试验区是提升两国贸易畅通等级和效能的有效途径。与政策沟通一致，贸易畅通要把完善中国与"一带一路"沿线国家贸易政策作为基础条件。要积极发展与沿线国家和地区构建自由贸易网络体系，拓展延伸贸易合作领域。特别是要将聚焦产业链、价值链、供应链、服务链的优化提升作为重要内容，推动与沿线国家和地区产业互补、贸易互动、资金互助。贸易畅通的最终目标是共同探索新的开放开发合作之路，不断构建形成互利共赢、多元平衡、安全高效、开放包容的贸易新体系。

4. 资金融通是"一带一路"建设的动力之源

资金融通是"一带一路"建设的重要支撑。以推进货币体系、投融资体系和信用体系三大体系的稳定为资金融通的着力点。不断健全多元化投融资体系，以扩大中国与沿线国家双边的本币互换、结算的范围和规模为资金畅通渠道，进一步深化金融合作。近年来，跨境人民币结算，人民币区域化、国际化是中国货币政策当局的重要内容，核心任务在于加快中国与"一带一路"沿线国家和地区本币互换和本币结算的进程，共同推进和维护亚投行、金砖国家新开发银行的健康良好运行。与此同时，中国与"一带一路"沿线国家的中央银行、货币信贷金融机构还就建立上海合作组织融资机构、开展跨境金融和投融资项目达成了多项合作，取得了积极成效。此外，中国与"一带一路"沿线国家政府、金融机构及企业等共建主体还充分发挥各国主权基金在"一带一路"沿线重点项目建设上的引导作用。

5. 民心相通是加快推进"一带一路"建设的"加速器"

国之交在于民相亲，民相亲在于心相通。民心相通是"一带一路"建设的社会基石。民心相通需要通过开展多种多样的人文交流合作，促进人员往来，广泛开展多层次、多领域的文化交流、媒体合作，传承和弘扬丝绸之路友好合作精神，让"一带一路"建设更好造福沿线国家和世界人民，为深化双边与多边合作奠定坚实的民意基础。中国更高水平的开放、更高层次的合作是赢得包括"一带一路"沿线国家和地区在内的世界各国文化认同的关键。"一带一路"倡议得到广泛认同的基础在于民心交融，即要在推进"一带一路"建设中深入研究制定当地的民生配套政策，成为推动不同文明交流融合碰撞的"黏合剂"、汇聚和释放促进文化发展的动力源、沟通民心强大正能量的"引擎"，以及实现高效、包容发展的"原动力"。

四、"一带一路"建设的基本趋势

1. 跨区域合作不断扩大

"一带一路"倡议已在国际上赢得越来越多国家的广泛支持。在合作实践中，已逐步形成以亚洲国家和地区为合作主轴，以非洲、中东和中东欧国家和地区为区域合作的"西翼"，以拉美国家为区域合作的"东翼"的"一轴两翼"全球区域合作格局。

（1）与东盟国家合作是重点。东盟是中国开展周边外交、推进"一带一路"倡议的重要舞台。东盟国家内既有"丝绸之路经济带"覆盖的区域，又有"21世纪海上丝绸之路"覆盖的地区，是"一带一路"倡议的突出引领区和重点战略区。越南、菲律宾、马来西亚、印度尼西亚、文莱、新加坡是海上丝绸之路的关键节点国家，从"一带一路"倡议框架下的六大国际经济走廊来看，其中的中国—中南半岛、孟中印缅两大国际经济合作走廊，涵盖越南、老挝、柬埔寨、缅甸和泰国等中南半岛五国，是中国连接南亚、东南亚的战略通道，是中国与南亚和东南亚国家人文经贸的重要往来渠道。近年来，中国与东盟国家加强区域合作，携手共建重大项目，"一带一路"朋友圈持续巩固。自 2013 年 10 月中国提出"一带一路"倡议以来，中国与东盟国家和地区领导人保持着高频率的互访与会晤，双方对共建"一带一路"达成高度一致的战略共识。亚投行的法定资本为 1000 亿美元，东盟 10 国均为亚投行创始成员国。2020 年 11 月，RCEP 正式签署，其中的多数成员国同时也是"21 世纪海上丝绸之路"的重要节点国家。RCEP 的签署与"一带一路"建设的协同推进，更加紧密了中国与成员国间的经贸关系，这一联动效应成为推动共建"一带一路"的重要里程碑。

（2）与非洲合作潜力巨大。非洲是"一带一路"倡议深耕的重点区域。自 2013 年中国提出共建"一带一路"倡议以来，非洲国家和非盟委员会积极响应，积极推动中非发展战略对接。一方面，近年来中非政治互信和合作机制不断深化，为中国与非洲国家"一带一路"建设创建了良好基础。另一方面，中非合作的经贸基础扎实。《中国—非洲国家共建"一带一路"发展报告（2024）》显示，中国已连续 15 年稳居非洲第一大贸易伙伴国地位，中非贸易额占非洲整体外贸总额比重稳步上升。更具深远意义的是，中国与非盟委员会共同签署的《关于共同推进"一带一路"建设的合作规划》，是中国与区域性国际组织签署的第一份共建"一带一路"规划类合作文件，推动"一带一路"倡议与非盟《2063 年议程》深度对接，开启了中非高质量共建"一带一路"新篇章。

（3）与中亚国家合作日益深化。从战略地缘位置来看，"丝绸之路经济带"中的陆上走廊有两条途经中亚，一条是新亚欧大陆桥，另一条是中国—中亚—西亚经济走廊。第二条走廊经过土库曼斯坦、伊朗、土耳其，这对保障我国能源安全非常重要。近年来，中国和中亚地区在建设"一带一路"中取得丰硕成果，但也面临复杂挑战，机遇与风险并存。从现实需求看，中国与中亚国家经贸往来密切。如中国已成为哈萨克斯坦最主要的贸易伙伴、第二大出口市场以及进口来源地。中国是乌兹别克斯坦的第二大贸易伙伴国、第一大投资来源国、棉花出口目的地国、电信设备和土壤改良设备供应国。中国已成为吉尔吉斯斯坦最大贸易伙伴，同时也是第一大进口来源国和投资来源国。与此同时，乌兹别克斯坦、哈萨克斯坦、吉尔吉斯斯坦、塔吉克斯坦等国均是亚洲基础设施投资银行的创始成员国。

（4）与中东欧国家合作渐入佳境。中东欧地区位于欧亚大陆接合部，是"一带一路"倡议的重要区域。其铁路互联互通设施、港口基础设施是连接"一带一路"的重要组成。中东欧沿线国家是最早响应倡议的区域之一。中国在2015年6月就与匈牙利签署了共同推进"一带一路"建设谅解备忘录，这是中东欧国家中首个与中国签署合作共建"一带一路"的国家。中东欧地区率先探索跨区域合作同响应共建"一带一路"倡议对接，同时率先实现"一带一路"合作协议区域全覆盖。俄罗斯是最积极参与"一带一路"的大国之一，自2010年起中国一直是俄罗斯最大贸易伙伴，2023年俄罗斯在中国贸易伙伴国的排名中升至第4位。近年来，中国与俄罗斯经贸合作持续稳定发展，双方在油气、核能、人工智能、5G和大数据等领域的合作不断丰富，吸引了周边中东欧国家深度参与。

（5）与拉美国家合作成效显著。"一带一路"倡议提出4年后，拉美地区于2017年5月正式加入"一带一路"合作框架。同年11月，巴拿马成为首个与中国签署共建"一带一路"合作谅解备忘录的拉美国家，2017年也被视为"中拉对接'一带一路'建设元年"。截至2024年11月，该地区26个建交国中已有22个国家与中国签署了备忘录。此外，中国还同牙买加、苏里南、古巴、阿根廷、智利、乌拉圭6国签署了共同推进"一带一路"建设合作规划。^①近年来，中国与拉美共建"一带一路"有力促进了中拉关系的发展，已经成为推动构建中拉命运共同体的重要纽带。从覆盖区域范围之广阔，到"一带一路"核心要义落实之坚定，再到合作共建领域之广泛，拉美地区都具有其独特之处。"一带一路"延伸至拉美地区，能将"21世纪海上丝绸之路经济带"从海上联通到欧亚非大陆，形成一个链接世界五大洲的闭环系统。同时，相较于其他"一带一路"沿线国家和地区，当前拉美地区是资金融通最为活跃的地区，也是政府间贷款、中资企业收购以及投资额最大的地区。此外再加上拉丁美洲地缘区位优势独特，该地区也成为与中国合作领域、合作方式以及合作层次最多元的地区。

2. 产业经贸合作不断深化

"一带一路"要实现高质量发展，根本在于构建互利共赢的产业链、供应链合作体系，持续深化国际产能合作，夯实跨境产业链基础，扩大双向贸易和投资。

（1）能源资源合作是重要着力点。能源合作是共建"一带一路"的重点领域。近年来，中国抓住能源革命的机遇，依托"一带一路"沿线国家的丰富资源，搭建全方位、多元化的全球能源互联网，努力实现绿色低碳发展。"一带一路"沿线的大多数国家处于资源富集区，具备良好资源禀赋，资源储量和产量均处于世界前列，开发潜力巨大。俄罗斯矿产资源丰富，其铜、铝土矿、镍、黄金、锑、原油资源在储量和品质上都属于全球优势品种；中亚国家如哈萨克斯坦的铜、铀资源优势突出，塔吉克斯坦的铅锌资源优势突出，以及中亚大多数国家的黄金资源较为丰富；非洲国家如几内亚的铝土矿、南非的贵金属、纳米比亚和津巴布韦的铯、刚果（金）的铜、南非和坦桑尼亚的煤炭等资源丰富。从上述资源禀赋的分析和对比来看，中国加强与"一带一路"沿线国家在能源资源方面的合作是行业合作的主要趋势，对保障我国

① 共建"一带一路"让"中国建设"在拉美成新名片[EB/OL].（2024-11-14）[2025-03-15].https://world.huanqiu.com/article/4KFDJmM9bQB.

能源安全具有重要意义。因此，近年来以能源为导向的合作模式在中国"一带一路"区域投资中的占比持续提升。

（2）互联互通基础设施是合作的重点板块。要致富，先修路。"一带一路"建设合作的优先领域是基础设施互联互通。从经济发展的最优路径选择，特别是跨境贸易的现实需求来看，"一带一路"建设进入高质量发展新阶段后，迫切需要推动和完善海陆空以及地下管网四位一体的基础设施互联互通，需要聚焦关键通道、重要节点城市和主要枢纽，联结和完善海陆空交通网络，畅通跨区域物流网。目前，以新亚欧大陆桥、中蒙俄、中国—中南半岛、中巴等国际走廊以及铁路、公路、航运、航空、管道和空间综合信息网络等"六路"为主要内容的基础设施互联互通陆续建成，"六廊六路多国多港"架构基本形成，基础设施联通水平持续提升。

3. 共建共享共融是合作新趋势

"引进来"和"走出去"战略是"一带一路"国际产能和经贸合作的重要内容，体现了"共建共享共融"的合作新模式。该战略通过深入挖掘多方投资潜力，推动生产要素的自由流动，实现资源的高效优化配置与市场的深度融合。

（1）积极"走出去"模式。坚持以企业为主体、市场为导向，充分发挥市场在资源配置中的决定性作用，加大对沿线国家投资布局。引导我国具有比较优势的产业和企业深入"一带一路"沿线国家考察、投资设厂兴业，共建经贸合作区及跨境产业园。基建、贸易和绿地投资等形式是中企在"一带一路"沿线国家的主要合作模式和内容。"走出去"深度融入"一带一路"建设，基建、贸易和土地投资将是主要合作模式。当前，对外投资已成为推进"一带一路"建设、深度参与国际分工协作、优化资源配置的重要途径。中企在铁路、电力、通信等领域的产业、技术优势，与沿线国家的资源优势、市场需求互补，使中企在复杂多变的国际大环境中仍能发现商机。未来中国对"一带一路"沿线国家和地区的投资规模将持续扩大。

（2）坚持"引进来"模式。基于"双环流全球价值链"体系，结合中国所处的产业链、价值链的不同位置，有重点、有层次、有针对性地引进吸收"一带一路"沿线国家的产业。积极开展"一带一路"投资促进工作，发挥好国家级经开区、边（跨）境经济合作区等重大平台的支撑作用，吸引沿线国家具有产业比较优势和核心技术优势的企业到中国投资发展，特别是投向高新技术产业、现代服务业和先进制造业，以支持国内实体经济发展。积极与"一带一路"沿线的发展中经济体在初级产品以及能源、资源等领域开展合作，发挥双方各自的比较优势，形成"中国技术"与沿线国家"自然资源＋劳动力"的产业合作模式。同时，进一步健全和完善"引进来"体制机制，完善和充实各类商品市场和要素市场，切实转变政府角色，减少行政干预，让"引进来"的优质外资企业助力中国主导的"双环流全球价值链"，助推"一带一路"相关产业升级、合作升级。

（3）畅通"双向双引"模式。"双向双引"模式需政府和市场主体共同发力，需要政府强化公共职能，优化营商环境，提升公共服务水平，及时发布投资资讯。同时要大力推动与沿线国家和地区就外交领事保护、人员往来便利化以及双边投资合作等进行探讨和修订，为企业投资、人员往来创造有利条件。同时，力求推动贸易双向平衡。持续办好中国国际进口博览会等高端展会平台，进一步主动拥抱世界，向世界开放市场。依托数字化技术与大数据赋能，大力发展数字服务贸易产业，加强跨境电子商务合作，培育新的贸易增长点。

（4）打造"共享经济"模式。"一带一路"构建于协同行动的共同发展框架，其核心要义是搭建并健全多方资源共享、多元主体参与的平台，以此实现自身发展诉求。"一带一路"倡议提出后，中国下好"先手棋"，迅速着手推动建立亚洲基础设施投资银行、丝绸之路基金、中国—中东欧投资合作基金等一系列层次丰富、内容多元的共享发展利益机制。同时，还策划主办"一带一路"国际合作高峰论坛、文化展、旅游年等形式多样的社会交流活动。这些活动是各方参与开放、实行资源和机会共享的平台。因此，对众多国家以及非国家的行为体而言，参与"一带一路"建设最关键的是要通过在这些共享平台上加强与各方交流对话、深化合作共识，进而推动合作项目的落地，该过程既是互商互鉴互融的过程，也是"一带一路"项目落地见效并持续发展的过程。

第二章

国际友好城市的理论及发展历程

一、国际友好城市的研究综述

（一）国外研究

国外对国际友好城市和地方政府开展对外交往的研究较早，主要围绕次国家政府、城市外交、国际友好城市三个方面展开。

1. 研究次国家政府国际行为的理论

这一系列理论主要研究中央政府与次国家政府之间的关系，以及二者的地位、性质、目标和功能的异同，分为平行外交论、多层外交论、地区国家论和国家中心论。以杜恰切克（1993）为代表的学者提出和发展了平行外交论，认为次国家政府的国际活动具有自主性，其活动与中央外交并行开展，其对外关系的质和量都类似于一国外交政策的几乎所有方面，可以被视为相对独立的外交政策行为者。尽管平行外交将经常产生与中央外交的重复、竞争和冲突，但平行外交不是一件坏事，或者完全是一件好事。不过这一理论一方面过于突出次国家政府在对外交往中的地位和作用，甚至上升到与主权国家一致的对外交往功能，忽略了中央政府和次国家政府之间的纵向关系，易导致对外交往的无序和混乱。另一方面忽略了单一制国家中次国家政府对外交往的作用以及次国家政府与中央政府的协同关系。

以豪京（1993）为代表的学者对平行外交论提出了尖锐的批评，并提出了多层外交论。他们认为，次国家政府不可能是一个完全自主的国际行为体，不能等同于跨国公司等非国家行为体。关键不在于新的次国家国际行为者的出现，而在于传统国际和国内政治界限的模糊化。在国内政治国际化和国际政治国内化双重趋势的影响下，地方政治、全国政治和国际政治日益结合为一个多层政治舞台，必须同时在地方、全国和国际层面展开活动才能成功。

具体而言，次国家政府在外交决策前对政策施加影响，在贯彻落实阶段影响到对贯彻国际协定的重视程度和一国承担国际义务的能力。因此，中央政府不再是超国家和次国家政治舞台的唯一联系纽带，一国的对外关系需要中央政府和次国家政府在国际舞台上的外交互动和配合。这一理论关注到了中央政府和次国家政府的纵向、立体关系，但是夸大了次国家政府对外交往的主动配合性和与中央政府步调的一致性。实际上，在没有中央政府授权和引导的情况下，次国家政府的对外行为并不会自然而然地与中央政府保持一致并互相配合以达成共同目标。

以上平行外交论和多层外交论都以政府为中心，而日本学者大前研一（1994）则以市场为中心，提出了地区国家论（市场中心论）。这一理论认为市场力量是政治经济边界的决定因素，具有浓厚的市场中心主义色彩，表明了经济全球化对主权国家和次国家政府关系形成的挑战，揭示了次国家政府在世界舞台上越来越活跃并在对外交往中能够发挥越发重要的影响力。然而它过于夸大了自由市场的作用，没有看到资本在少数地区国家的集中将加大世界经济布局的不平衡和贫富差距，也没有看到缺乏国家监管的市场中心将造成金融市场的无序。

不同于市场中心论，以肯尼斯·沃尔兹（1979）为代表的国际关系新现实主义学者坚持和发展了国家中心主义理论，并认为国家间的权力分布格局是决定国际政治和各国外交政策的最重要因素。随着20世纪80年代平行外交论的出现，坚持国家中心主义立场的学者开始研究次国家政府的国际行为，以回应其提出的理论挑战。他们认为，虽然次国家政府的国际活动可能微不足道甚至有害，其活动增多并未根本挑战国家的中心作用，随着全球化的发展，国家对次国家政府的优势地位将进一步增强。这一理论强调了国家在对外交往中的绝对主导地位，符合国际社会的现实，也为研究中央与次国家政府之间的关系提供了客观前提。然而其过于强调中央政府的绝对主导地位，忽略了在全球化和国际化背景下次国家政府在世界舞台越发活跃的表现以及所产生的越来越重要的作用，也忽略了随着国家对外战略的拓展，次国家政府在配合中央政府对外交往中的重要意义。

2. 研究城市外交理论

2003 年，"全球本土化论坛"发布了一份"地方国际化"报告，首次使用城市外交的概念，认为城市外交是一种自下而上的全球化治理体系枢纽，是全球本土化的外交工具。[①] 2005 年，世界城市和地方政府联合组织（UCLG）将城市外交定义为地方政府及其附属机构用于促进社会团结、冲突预防和冲突后重建的工具，旨在构建一种稳定的安全环境，各方能在和平、发展与繁荣的气氛中生活与工作。[②] 这一定义也在 2008 年得到欧洲理事会地方与地区机构代表大会的采纳。[③] 不过这一定义更多地强调城市外交在安全领域的作用，是狭义的城市外交。2007 年，荷兰的简·梅利森和罗吉尔·范·德·普拉伊吉姆提出了更为广义的城市外交概念，即城市外交是城市或地方政府为了代表城市或地区及其利益，在国际政治舞台上发展与其他行为体的关系的制度和过程。[④] 这一定义将城市外交活动拓展到了发展、经济、文化等领域，是目前我国学界广泛接受的界定。

3. 研究国际友好城市（也称"姐妹城市"）

国外学者对国际友好城市的起源、内涵、特点、类型等基本概念进行了阐释。Saunier（2001）提出，姐妹城市的根源可以追溯到第二次世界大战后欧洲市政改革运动。在这一时期，城市尤其是欧洲城市形成了彼此之间的联系，分享战后重建的经验。O'toole（2000）提出姐妹城市是指国家间两个城

---

①   Glocal Forum, "Globalization: Research Study and Policy Recommendations", CERFE /Glocal Forum/Think Tank on Glocalization, Rome, 2003.

②   A. J. Sizoo, "City Diplomacy Concept Paper", Committee on City Diplomacy, Peace-Building of United Cities and Local Governments Policy Statement, 2007.

③   A. Musch and O. Van Veldhuizen, "City Diplomacy Explanatory Memorandum", Congress of Local and Regional Authorities of the Council of Europe CPL (14) 12 REP, Strasbourg, 2008 p. 2.

④   Rogier Van der Pluijm & Jan Melissen, "City Diplomacy: The Expanding Role of Cities in International Politics", European Journal of Political Economy, 2007, 11 (3).

市或地方政府之间的正式关系，它建立在对来自不同国家的城市文化和社会的理解之上。Cremer（1998）提出建立姐妹城市关系的目的是通过城市间的联系，促进人与人之间的国际沟通和交流，从而增进国际理解，促进和平。Zelinsky（1991）认为，姐妹城市具有不同于其他形式的远距离社会交往的特征，首先，这一正式协议通常由地方官员签署且旨在无限期持续下去，因此这种关系并不局限于执行单个项目，而是为各种共同活动开辟了道路，所有活动都可能服务于增进理解和友谊的总体目标。其次，参与姐妹城市活动的人员不论年龄、性别、职业、社会地位、宗教或意识形态，都是积极参与者，而不仅仅是官员或属于特殊社会利益集团的成员。最后，姐妹城市的互访是定期进行的，一般至少每年一次。姐妹城市是互惠的，任何一对姐妹城市都不会以牺牲对方来获利。Zelinsky（1991）进一步提出，姐妹城市的缔结有个不成文的规则，即两个地方的规模应大致相当，并要能成为兼容的合作伙伴，这意味着双方能在经济、文化、思想、历史、娱乐等方面实现共享或者利益互补。Baycan-Levent（2010）研究发现，姐妹城市关系成功的关键因素是在建立姐妹城市关系前就存在联系、姐妹城市间具有相似性以及双方合作能产生经济利益，这三个因素激发了姐妹城市间提升友好关系的意愿。O'toole（2000）根据 20 世纪 60 年代以来澳大利亚姐妹城市运动的发展，将澳大利亚姐妹城市的相互关系分为三个类型，这也是具有递进关系的三个阶段。第一类为"联结型"，双方相互理解、建立友谊和进行信息交流。第二类为"互惠型"，主要是教育领域的学生交流、教师交流和学校语言项目交流等，有助于推动姐妹关系进一步发展。第三类为"商业型"，包括商业贸易活动，以及专业和员工交流等商业活动。这一类型是地方政府为寻求经济发展而将姐妹城市关系重新定位，强调将可信赖的朋友转变为可以帮助当地经济发展的市场参与者。在这一类型中，"联结"和"互惠"的关系仍继续发展。这一划分法同时也揭示了国际友好城市发展的历程。

在不断发展的过程中，国际友好城市交往也面临着不少争议。O'toole

（2000）通过对澳大利亚的 178 个姐妹城市进行问卷调查，发现部分城市在国际友好城市交往中存在问题：资金缺乏、语言沟通困难、距离过远、关系发展缓慢、缺乏专业人员、签证、协议到期、日常联系机构不对等、国家间政治分歧影响在当地的投资、不同体制国家的市长对商业活动影响差异导致不对等、公款旅游、投入的经费回报率低、部分市民的反种族情绪等。因此，部分人认为在经济发展占城市主导地位的当下，除非能产生经济成果，否则许多市民对地方政府参与国际友好城市交往并不感兴趣。但仍有一些人认为，姐妹城市关系的核心是联结和互惠，他们也在推动教育和文化交流项目上做出了努力。

对于国际友好城市交往存在的争议，多数国外学者聚焦于国际友好城市应侧重文化交往还是经济交往这一议题上。Campbell（1987）研究了法德姐妹城市的起源和历史，发现在整个 20 世纪 50 年代，法德姐妹城市的重点一直是修复"二战"后两国关系的创伤。到了 20 世纪 60 年代末，两国已摒弃战争的想法，此时随着欧洲工业化进程的加快、科技的发展和欧洲大陆联系的日益紧密，姐妹城市致力于通过合作寻求解决共同关切的工业化问题、城市问题、促进经济社会繁荣和改善市民生活质量的方法。Nzier（2003）进一步提出，随着经济全球化的发展，姐妹城市关系已不局限于文化交流，而是拓展到城市间的经济合作领域。

以上观点表明，在经济全球化背景下，经济因素在国际友好城市关系中的地位不断上升，经济合作成了国际友好城市交往的重要动力，应得到地方政府的充分重视。与此同时，国外学者也意识到国际友好城市的社会效益与经济效益需同步实现，两者应为互相促进的关系，不应有所偏废。Cremer 等（1996）认为，人们对姐妹城市关系的经济维度关注不足，从长远来看，促进国际理解和交流的最可靠、最强大的动力是经济和商业联系以及就业机会。然而，他们并不认为仅仅由经济利益驱动的姐妹城市关系能够取得成功。文化交流和更广泛的跨文化理解的发展是维系姐妹城市关系所必需的基层参与的主要动机。反过来，在政府的支持下，随着时间的推移建立起来的文化理解提供了积极的环境，可以减少贸易、旅游和投资等经济活动中的风险和不确定性。拉玛萨米和克莱默（1998）认为，商业和文化之间存在双向关系，姐妹城市关系的这两个方面有必要保持密切的联系。了解另一种文化有助于贸易和投资，而从事商业活动则为文化理解奠定了可靠和持久的基础。O'toole（2000）认为，虽然城市越来越倾向于在国际友好城市交往中以推动经济发展的目标为主导，但这并不是说所有的国际友好城市关系都应朝着商业的方向发展，因为许多城市仍然倾向于与国际友好城市保持联结或互惠关系，他引用了中国一位官员的表述佐证观点："除非这种关系建立在友谊、相互理解和合作的基础上，否则它只是一种纯粹的商业关系，而不是姐妹城市的关系。"因此，Cremer 等（2001）提出，过分强调姐妹城市的文化或经济单一维度，都难以促成成功的姐妹城市关系，也不可能从这些关系中为个人和当地带来实质益处。此外，针对发达国家与发展中国家间的国际友好城市交往，也有学者强调了文化交流的重要性。Cross（2010）提出虽然经济利益是现代国际关系的一个重要部分，姐妹城市关系也随着经济的重要性而逐渐成为交往的正当理由，但当我们越来越多地寻求与亚洲等发展中国家的贸易和文化联系时，以增进国际理解为核心的姐妹城市交往方式仍然是非常重要的，因为这是双方经济健康合作的基础，也是进一步实现更崇高理想的根基。

随着城市化进程的推进，各国普遍面临的城市问题已经成为全球关切的城市议题。近年来，国际友好城市交往范围拓展到环境保护、减贫、反恐维稳等领域，国际城市联盟的规模也不断扩大，这些合作很多都取得了显著的成效，吸引了越来越多城市参与。

通过以上梳理可以发现，国外多数研究主要聚焦于西方发达国家，缺乏对发展中国家的分析和探讨。随着中国对外开放步伐的不断加快、在国际社会中影响力的提升，以及作为城市外交最主要形式的国际友好城市交往的日益活跃，国内学者越发重视地方政府对外交往理论的研究，在国外早期研究的基础上进一步发展了次国家政府、城市外交、国际友好城市等理论，并结合我国实际提出相应的对策建议。

（二）国内研究

根据本书的主题和行文逻辑，将国内学者对国际友好城市的研究分为对国际友好城市基础理论的研究、对我国国际友好城市的研究、"一带一路"背景下的城市外交或国际友好城市建设研究，以及对广西次国家政府外交或广西国际友好城市建设的研究四个方面，通过简要梳理我国国际友好城市理论发展的历史脉络，为后文研究和展望提供理论支撑。

1. 对国际友好城市基础理论的研究

国际友好城市交往的本质是一种外交行为，因此适用于国际政治学科的分支学科——外交学理论。鲁毅等（1997）认为，当代外交包含多边外交、首脑外交、经济外交、公众外交四种方式。在传统的外交学中，外交的理论和实践以国家层面为主，次国家政府外交和城市外交的概念并未进入人们的视野。实际上，城市外交兼具了这四种外交方式的特性，例如：国际友好城市交流合作已逐渐由"一对一"向"一对多"发展，体现多边外交的特点；国际友好城市之间常以两市高层互访为主，类似首脑外交的特征；国际友好城市交往的内容包含经济领域，并且经济合作在各领域合作中的占比越来越大，具有经济外交的特点；国际友好城市交流属于官方、半官方性质，其不仅以官方高层互访为主，还吸引非官方群体广泛参与，具有公众外交的特点。至此，国内传统的外交理论已无法囊括和解释以国际友好城市为主要载体、在世界舞台上日益活跃的地方政府对外交往形式。为此，国内学者从次国家政府和城市外交的角度对地方政府对外交往活动的理论进行研究与阐释。以下分别对这两个理论在我国的发展历程进行简要梳理，以深入把握国际友好城市的发展规律。

一是研究次国家政府参与对外事务的理论。陈志敏（2001）是国内较早提出次国家政府参与对外事务理论的学者，推动我国国际关系研究向次国家政府层面深入。他认为，在当前的国际关系中，以各国中央政府为代表的国与国之间的关系仍然是国际关系的核心，同时由于国际相互依存的加深、区域一体化的推进以及跨国公司的兴起，国际关系业已呈现出多层次的趋势：从国际层面向超国家层面、跨国家层面以及次国家层面延伸。因此，他以各国次国家政府的国际行为为中心，系统研究次国家政府参与对外事务的理论和实践。他认为，次国家政府作为特殊的国际事务参与者具有非主权性、政府性、地方性和中介性的特征，其动力来源于国际层面的"外拉"作用，以及国家和地方层面的"外推"作用，两种力量的不同组合决定了活跃程度的差异，在未来，经常处于微调下的中央主导的共赢模式将成为对外事务的主流模式，并具有长久生命力。陈志敏还简要回顾了我国地方政府参与这一潮流的历史历程、特点和面临的挑战。这为我国学者对次国家政府对外事务的进一步研究奠定了基础。刘雪莲和江长新（2010）进一步阐释了次国家政府参与国际合作的非主权性、政府性、地方性和中介性的特性，并提出这些特性决定了次国家政府参与国际合作也具有局限性。其自主性和权威性受到限制，且有时次国家政府与中央政府的动态博弈会降低其国际合作效果。因此，国家内部政治结构和决策结构的变化以及临近国家间国际需求的趋同性程度，都会直接影响到次国家政府的国际行为的实施和跨国合作的发展。这两位学者的研究紧密结合我国的国情，提出了具有现实意义的问题。郭钊（2011）研究了影响次国家政府在外交中发挥作用的主要因素，分别是次国家政府的政治地位、次国家政府本身的实力、国际环境以及中央与地方的权力关系。其中，次国家政府的政治地位和实力是决定次国家政府在一国外交中发挥作用的根本因素，国际环境是影响次国家政府发挥外交作用的客观因素，而中央和地方政府的权力关系就是次国家政府在国家外交中发挥作用的内部决定要素。王立军（2012）研究了全球化背景下中国地方政府国际合作的动力、议题领域、影响和与中央政府的关系。他认为，在全球化背景下，中国地方政府国际合作的动力来源于 20 世纪 70 年代以来的对内改革和对外开放；议题领域主要是"低级政治"范畴，具有明显的非主权特征；其发展勃兴对中国外交产生重要影响，并使地方政府成为国际关系中的一支重要力量，形成了以中央政府为中心的多层互动模式。随着对次国家政府外交的研究不断深入，任远喆（2017）把改革开放以来中国从地方政府参与对外事务到次国家政府外交逐渐形成的过程分为三个阶段，即改革开放初期的不平衡发展，20世纪 90 年代到 2010 年前后的快速发展，及近年来以战略性与多样性的深度融合为特点的发展三个阶段。并对我国次国家政府未来的发展趋势进行展望，提出在中国特色大国外交的未来建设中，在中央政府的统一领导下，赋予地方政府更大的对外交往空间，充分发挥次国家政府外交的特长及优势，推动各地方政府围绕国家整体外交战略形成合力而非无序竞争，实现国际、国家和地方的多层共赢，应是中国次国家政府外交的终极目标。

二是研究城市外交理论。次国家政府包括各级政府行为主体，城市是其中的主要行为主体。随着在经济全球化进程中城市地位的提升，国内学者对城市的国际交往形式进行了深入研究。龚铁鹰（2004）是较早提出"城市外交"概念的国内学者。他将城市置于国际关系的理论框架中，认同了陈志敏提出的观点：在传统的城市关系中，次国家政府（包括城市）是与国际关系无缘的地方行为者，随着战后次国家政府行为体在国际交往中的兴起和发展，从理论和实证方面对这一传统的概念提出了挑战。龚铁鹰指出，各国城市为了自己的发展，纷纷走上国际舞台，进而逐步冲破国家对外交往的专有权，城市外交日益活跃。他还提出，城市外交具有从属性和中介性的特点，主要有国际友好城市、城市间国际组织和各国城市对外直接交往三种形式。城市外交发端于国家间国际友好城市的建立，最初是感情型的对外交往，随着在经济全球化进程中城市地位的提升，国际友好城市由感情型向重视经济、社会实际利益的务实型转变，进而成为城市外交的主要形式，这为我国城市外交的理论和案例研究奠定了基础。杨勇（2007）进一步发展了城市外交的理论，认为城市是非国家行为体，属于"次中央外交"的范畴，不同于传统的国与国之间的外交形式、性质和特征，是一国总体外交的有益补充。城市外交的决定性因素包括一国政治结构、自然地理条件以及城市的国家利益（包括政治、经济和文化）等，并在城市外交理论的基础上，对广州的对外交往进行实例分析。

由于国内对城市外交的理论研究尚处起步阶段，概念界定较为模糊，徐琨琳（2009）对城市外交的概念进行了明确，认为城市外交是指一国城市在配合国家总体外交的前提下，通过对外交往活动促进城市可持续发展的行为。不同于龚铁鹰提出的城市外交从属性和中介性特点，徐琨琳结合陈志敏对于次国家政府对外交往的特点对城市外交的特征进行重新提炼，即非主权性、地方性、政府性和服务于国家总体外交。该文还进一步研究了城市外交与其他外交类型的联系，对比了学界较为模糊的城市外交与民间外交、城市外交与公共外交的概念。基于学界对城市外交概念的界定仍不清晰，赵汗青（2010）对城市外交的定义进行了完善，认为城市外交是在不违背国家主权、法律和外交政策前提下，以维护国家总体利益、实现地方城市局部利益为目的，以地方政府为主体，以他国地方政府为客体，引导本地经济社会实体参与，开展形式多元的与他国地方政府、经济社会实体、国际组织、外国友人之间的非主权事务的交往活动。他还从城市外交与一国整体外交的关系角度提出了城市外交的定位，认为城市外交在国家总体外交框架中的定位是服从国家总体布局，在授权（默许）范围内进行对外交往活动，并在未开拓的领域进行尝试性的对外交往活动，从而建立国家与地方"共赢"的对外交往新格局。他认为城市外交的目标体现了央地之间的互动关系，即通过服务国家总体外交和推动地方经济社会发展实现国家与地方的共赢。熊炜和王婕（2013）认为，城市外交是城市或地方政府为了代表城市或地区和代表该地区的利益，在国际政治舞台上发展与其他行为体关系的制度和过程。他们对应当代西方外交学研究的三个思想流派将城市外交的研究分为传统派、新兴派和革新派。并提出城市外交实践呈现出的四个特点：与国家总体外交关系的多样统一，能够基本实现传统外交的功能，存在双边、多边和多形的多种形式，以及富有开拓性。

至此，有学者提出要研究城市参与国际交往的问题，必须先确定城市作为一个组织实体，是不是典型意义上的行为体。高尚涛等（2010）把城市行为体从次国家行为体中抽取出来进行系统研究，认为城市行为体是一类重要的次国家行为体，并明确了城市在国际交往和国家外交中的身份定位、利益动机和行为模式。他们认为，城市以自我身份为基础，通过国家授意、国际互动、国际体系建构等方式获得国际身份，成为国际行为体。城市行为体的国际行为既受到国家开放程度的影响，也受到自身能动性国际发挥程度的影响。根据城市行为体的国际行为所实践的利益与国家利益之间的状态，将国际层面的城市行为与国家行为划分为三种类型：协同行为模式、冲突行为模式和并行行为模式，提出要尽量扩大协同行为模式下的互利行为、避免或调和冲突行为模式下的城市与国家之间的零和状况、防止并行行为模式下城市的国际行为滑向冲突行为模式。这一针对城市行为体的研究深入城市对外交往行为的本质，对城市外交实践具有指导意义。

赵可金和陈维（2013）根据城市在外交中扮演的不同角色，将世界上城市外交的发展划分为三个阶段，分别是：1919—1980年民间外交阶段、1980—2001年倡议外交阶段和2001年以后的城市外交阶段，其中国际友好城市的建立是以民间交往的形式促进两国人民的感情交流为目的，是城市外交发展的起源，即民间外交阶段。他们认为，城市外交是在中央政府的授权和指导下，某一具有合法身份和代表能力的城市当局及其附属机构，为执行一国对外政策和谋求城市安全、繁荣和价值等利益，与其他国家的官方和非官方机构围绕非主权事务开展的制度化的沟通活动。城市外交具有四个本质特征，即主体特征、目的特征、内容特征和形式特征。基于上述特征，他们区分了城市外交与中央外交处理主权性事务、与纯粹的民间外交、与地方外事的不同，认为城市外交的兴起，意味着城市拥有了传统上仅仅由中央政府和职业外交官才能承担的外交职能，城市外交成为一种相对成熟的外交形态，成为一个国家总体外交的重要组成部分。他们还从不同学者对城市外交所持的不同理论立场出发，将世界上对城市外交的学术研究划分为三个流派：自由派、传统派和折中派，并赞同折中派强调逐步将城市和地方政府的国际交往纳入总体外交体系中。他们认为，城市外交具有巨大的发展潜力，当代城市外交的主要议程应该是如何规范城市外交，并提出城市外交研究的主要任务是如何推动外交制度转型，特别是如何在总体外交体系中为城市外交确定一个合适的位置，通过革新制度、健全机制、完善规范等措施，尽可能将城市外交纳入总体外交的轨道之中。这为城市外交未来的研究提供了一个新的方向。赵可金（2014）进一步提出，已有的城市外交理论解释过于强调城市外交某一方面的问题，并创新性地提出对城市外交的一种新的整合性理论阐释，即嵌入式外交理论，该理论解释认为当今世界是一个国家体系、国际体系和全球体系并存的世界网络，城市化进程推动城市深刻地嵌入国家体系、国际体系和全球体系之中，从三个体系中获得了专业化的外交功能，逐渐依托城市耦合为一种成熟的新外交体系，这就是城市外交。他认为，城市外交兴起的背后折射了全球化时代复杂的外交关系，任何一个决心参与全球化进程的城市都必须在现有制度体系中置入一个专门的嵌入式城市外交系统，以处理复杂的政治经济文化关系，现有的各种城市外交现象均可以通过这一嵌入式外交得到解释。赵可金（2016）继续推动城市外交理论的发展，回答了城市外交的若干理论问题，包括理论意义、核心问题、关键问题和工作重点。这也是对赵可金和陈维（2013）提出的未来展望的回应，认为中国的城市外交核心问题在于如何从城市的角度更好地处理跨国关系。关键问题是制度设计，需要培育城市精神、建立健全外交体制和运行机制。工作重点是立法、明责、制略、建制和保障。提出城市在参与外交事务的过程中，最重要的问题是遵守相应的外交规则、规范和惯例，在其现实性上表现为构建成熟的城市外交制度。

2014年5月15日，国家主席习近平在中国国际友好大会暨中国人民对外友好协会成立60周年纪念活动的讲话中指出："希望中国人民对外友好协会再接再厉，更好推进民间外交、城市外交、公共外交，不断为中国民间对外友好工作作出新的更大的贡献。"①这是国家领导人首次明确提出"城市外交"这一概念，说明城市外交已进入国家战略层面，得到中央的高度重视，城市外交的概念已在中国确立（杨毅，2015）。尤其是在2015年颁布的《推动共建丝绸之路经济带和21世纪海上丝绸之路的愿景与行动》文件中，就有专门部分讨论中国各个地区城市融入"一带一路"的方式与路径（杨毅，2015）。至此，我国城市外交发展和研究进入了新阶段（赵新利等，2019）。学界越来越关注应用该理论分析解决中国城市外交中的实践问题，同时重视中国特色城市外交的理论研究。

在习近平主席发表有关城市外交的讲话之后，时任中国对外人民友好协会会长的李小林组织我国国际关系和城市外交领域的有关专家开展了系统的理论研究并对这一概念作出了回应，形成两本在城市外交学界具有重要意义的著作：《城市外交——理论与实践》和《城市竞争力蓝皮书：中国城市竞争力专题报告（1973—2015）》。《城市外交——理论与实践》是国内首部城市外交研究著作，首次提出中国特色城市外交的概念。该书从国际关系研究的角度出发，通过对我国国际友好城市工作的历史进行系统梳理和总结，以及分析主要国家城市对外交往的特点与经验，试图构建一个具有中国特色的完整的城市外交理论与实践研究体系。书中的核心观点为：主权国家仍然是当代国际关系的主角，城市的发展导向主要为国家利益服务，城市的对外交往是在国家总体外交大局下的"授权"行为，这也是中国特色城市外交的核心。这一论断为今后学界研究我国城市外交定下了基调。书中还对城市外交的概

---

① 习近平在中国国际友好大会暨中国人民对外友好协会成立60周年纪念活动上的讲话[EB/OL].（2014-05-15）[2025-04-13].https://www.gov.cn/xinwen/2014/05/15/content_2680312.htm.

念、特点等进行了阐释。关于国际友好城市理论的研究，本书基于书中所阐述的有关概念展开。《城市竞争力蓝皮书：中国城市竞争力专题报告（1973—2015）》对我国国际友好城市发展的历史进行系统梳理，首次创立"城市友好交往度指数"，形成了评价城市友好交往的理论框架。通过研究得出以下结论：一是中国东部地区在国际友好城市结好方面处于领先地位，其经济快速发展是重要促进因素；二是中国中西部地区个别城市和省份异军突起，表明经济快速发展固然重要，但合理开发历史文化资源也是国际友好城市交往工作取得成功的重要因素；三是国际友好城市是促进对外贸易、外商投资与人文交流的重要途径，同时对增进人民之间的感情、夯实民间友好的社会基础、推动国际关系的健康发展均具有重要作用。研究还提出，在不可阻挡的城市化与全球化趋势推动下，未来国际友好城市的发展必然成为国际关系的重要平台，同时也将成为国际关系研究的重要领域。这一结论再次强调了国际友好城市研究在国际关系研究中的重要意义，凸显了该领域研究前景广阔。

党的十八大以来，中国开始以全球大国的身份总结丰富的外交实践，开启了"中国特色大国外交"新进程（杨洁勉，2017）。作为当代外交转型背景下兴起的新的外交形态，城市外交是国家总体外交的有机组成部分，因其多元的参与主体和灵活的方式手段，成为国家外交的延伸与拓展。中国城市外交的关键意义在于发挥其在国家总体外交格局中的战略性作用，因此研究城市外交不仅是关注技术层面的意义，归根结底是要从战略的高度，研究其对促进中国外交转型、推进中国特色大国外交的深刻意义（陈楠，2018）。陈楠（2018）将城市外交放在中国特色大国外交的框架下进行研究，认为中国的城市外交奉行互利共赢、求同存异、以人为本的基本原则，与中国特色大国外交所倡导的合作观、义利观和民本观相契合，其核心功能是提升国家的外交能力，为国家战略的实施提供有效手段，为国家融入国际体系创造有利条件。城市外交与国家战略相对接的路径有两个方面：一是通过城市交往，自下而上地夯实大国关系的社会基础，使有关城市成为特定方向或领域外交的重要依托，并与相关国家城市共享发展成果和治理经验，以此来配合地域外交或整体外交；二是通过全球问题的应对、领域规范的创建和国家形象的传播，推动中国全面融入全球体系，拓宽领域外交的维度。提升城市外交的战略地位需要机制保障，探索一个中央与地方协同、部门统筹、政民互动的城市外交机制，有助于进一步挖掘城市外交的潜力。沈传新（2022）也探讨了新时期城市外交的功能性内涵，即服务保障重大外交外事活动、对接策应国家重大对外战略、提升城市国际化能级、全方位深化对外交往合作和优化城市国际交往环境和服务，从而对新时期中国城市外交的发展提出统筹宏观和微观两种视角、统筹国内和国际两个大局、统筹硬件和软件两类建设、统筹官方和民间两种交往的对策。本书也认为，外交具有时代特点，研究城市外交或国际友好城市应该结合新时代背景，将其置于中国特色大国外交的框架下，以习近平新时代中国特色社会主义思想为指导，从战略层面布局谋划，才能推动城市外交或国际友好城市工作长远发展，从而促进地方经济社会获得长远利益。

近年来，我国城市外交研究逐渐向世界城市网络和城市群外交的方向发展。熊炜等（2019）提出进入新时代以来，中国城市外交应更加注重在全球治理领域发挥创造性作用。城市外交应超越法理上具有被限制和排他性的空间概念，注重人的流动，将动态变化和包容性的概念定义作为人的生活空间和人集合的城市空间。于宏源（2020）在此基础上进一步发展了城市外交理论，将城市置于全球性城市理论的框架下，研究跨国城市联盟和全球城市建构。至此，城市外交研究已经越来越突破国家地理的空间概念，并不断拓展低级政治议题，变为全球中的城市，其议程也由文化、经济拓展到共同应对城市治理问题，并不断创造更好的国际城市合作环境。这样的突破有利于逐步达成人类命运共同体的构想。这一城市网络的概念对广西国际友好城市建设规划和未来发展具有重要启示。作为全国国际友好城市建设的优秀典范之一，广西应引领全国国际友好城市建设的方向，将国际友好城市置于城市网络、多边合作的框架下，根据国家对广西的战略定位，打造面向东盟的国际友好城市网络联盟，跳出仅与国内国际友好城市的经验作对比的局限，与国家"一带一路"倡议和人类命运共同体的伟大构想同步，将国际友好城市置于全球化国际友好城市发展的视野和定位下推进。

在城市外交越来越活跃的今天，城市作为全球网络的重要节点，其外交方式愈加多样，因此出现了次国家外交的新模式——城市群外交。韩笑（2022）认为城市群外交是空间集聚的城市群落基于中心城市的国际影响、功能辐射与区域协作，在参与全球产业分工、城市治理、民间交往中形成的与其他国际行为体之间的关系与互动过程，提出了全球治理视域下的城市群外交的动力机制、功能和路径。这为广西城市外交的发展提供了方向。近年来，国家为广西发展北部湾城市群提供了机遇，[①] 然而广西沿海城市推进一体化发展仍存在同质性竞争的问题。在国际友好城市逐渐从"一对一"的发展模式拓展为"一对多"合作模式的趋势下，以及广西各级友协加强构建"大友城"格局的背景下，广西国际友好城市建设应突破单一城市的地理空间限制，以构建国际友好城市群的方式进行构思、规划和发展，使广西的城市之间、与国际友好城市之间形成对外开放的国际友好城市网络格局，统筹推进，整合地方对外开放的政策、人才、资金等资源，实现城市外交的利益最大化。

2. 对我国国际友好城市的研究

（1）对我国国际友好城市基本情况的研究

与基础理论研究并行的是我国国际友好城市实践的蓬勃发展。

一是对国际友好城市的发展阶段和时空演变进行研究。关于我国国际友好城市的发展阶段，不同的学者有不同的探讨，主要是根据数量增长、领域拓展、空间扩大及与国家开放政策的同步性等标准进行划分。陈昊苏（2002）总结了我国 1973—2002 年 30 年间的国际友好城市工作，将其分为三个阶

---

① 2017年1月，国务院通过《环北部湾城市群发展规划》，把南宁定位为面向东盟的核心城市和环北部湾城市群特大城市，确立建设区域性国际城市的目标。

段：1973—1978年仅与日本城市结好的探索阶段，1979—1990年快速拓展到更多国家和领域的阶段，以及1990年以后与改革开放同步发展和创新的阶段。马学广和孟颖焱（2016）根据1973—2014年42年间国际友好城市数量增长统计图，将国际友好城市的发展演变分为四个阶段，1973—1978年起步阶段、1979—1991年加速探索阶段、1992—2004年深入拓展阶段和2005—2014年高速增长阶段，每个阶段结好数量呈阶梯式跳跃上升，说明我国对外政策逐步拓展、改革开放不断深化。卢晶（2018）根据国际友好城市的发展规模和质量将1973—2018年我国国际友好城市46年的发展历程分为五个阶段：1973—1978年探索发展阶段，1979—1991年大力发展阶段，1992—2010年广泛发展阶段，2011—2016年稳步发展阶段，2017年之后开启全新发展阶段。邹辉（2022）依据每年新增数量及总量情况将国际友好城市的发展历程分为四个阶段：发展起步阶段（1973—1978年）、大力开拓阶段（1979—1991年）、全面发展阶段（1992—2012年）和新时期发展阶段（自2013年起）。邹辉（2022）的划分法突出了新时期"一带一路"倡议作为国家外交战略对国际友好城市工作产生的重要影响，对广西国际友好城市阶段的划分具有参考意义。关于我国国际友好城市的时空演变，吴晓征（2013）首次从地理学角度对我国1973—2011年国际友好城市的时空演变特征和影响因素进行研究，得出我国国际友好城市时间演变和空间分布的规律。研究发现，我国国际友好城市早期主要与日本缔结，1980年后与欧美国家缔结增多，空间分布是亚洲最多、欧洲最广、非洲较少，缔结因素受到地缘、文化、历史与战争、政治、经济等影响。然而，该文未能预见的是，随着2013年"一带一路"倡议的提出，国际友好城市积极服务于国家总体外交，缔结国际友好城市的空间分布已逐渐扩大到"一带一路"沿线城市。

二是对国际友好城市功能作用的研究。国际友好城市交往以人文交流为基础，不断拓展在经贸、环保、城市治理等领域的实质性合作，提升国家软实力，促进两国民心相通和推动经济社会发展。在文化、旅游、体育领域，许多学者研究了国际友好城市合作对文化、教育、体育、旅游等领域的正向促进作用（高杰荣等，2015；刘铁娃，2017；常青，2019；王亚辉等，2019；梁国勇，2023）。在经济领域，董双华（2018）证实作为中国文化外交典型代表的国际友好城市对中国 OFDI 的发展产生了积极影响。连增等（2021）研究发现国际友好城市对中资企业跨国并购的总金额、并购次数起到显著的促进作用。周建军（2022）研究发现国际友好城市关系能显著降低外部不确定性风险对出口贸易造成的负面冲击。在政治、国家安全、环境保护、媒体等其他领域，卢睿（2022）基于法国视角研究国际友好城市运动，认为在东西方"冷战"态势变化的过程中，国际友好城市交往这种有别于国家政治的"地方政治"模式为"冷战"的环境提供了一种趋暖的可能性。邢伟（2018）从总体国家安全观视角出发，认为以国际友好城市工作为先导，可以拓展、巩固政府间机制性的沟通渠道，并对国家间的高政治关系起到促进和调节作用。刘树良和张楠（2020）介绍了天津市以发展环保事业为目标，与在环保方面经验丰富的日本四日市缔结国际友好城市关系，从而推动天津环保事业发展的经验。徐成林和隆宏贤（2010）通过对广州国际友好城市悉尼、温哥华、洛杉矶三个典型城市在绿色环保城市建设方面的特点和经验进行介绍，获得广州建设绿色环保城市的启示，提出适时借鉴国际友好城市先进经验可在处理城市建设问题中获得先机。

三是对我国国际友好城市发展规划和未来展望的研究。曾先后在不同时段任职中国人民对外友好协会会长的陈昊苏、李小林，以及曾任职中国国际友好城市联合会秘书长的李利国，分别在任职期间对我国国际友好城市工作进行了研究和指导。陈昊苏（2002）强调互惠互利的实质性交流是国际友好城市工作的生命线。他认为我国国际友好城市存在参与城市少、发展不平衡、西部地区结好城市少的问题，为了配合我国的城市化进程和西部大开发战略，今后 10 年要积极帮助西部地区发展国际友好城市关系，形成更完备的国际城市合作网络。这为当时的国际友好城市工作发展指明了方向。李小林（2010）

提出，国际友好城市工作的关键在于做好人的工作，要让城市的负责人坐在一起，交流管理城市的经验教训，把更好的生活带给市民。从服务国家发展总体战略的高度大力发展国际友好城市事业，可以从公共外交、政策调研、区域合作、服务地方、打造品牌等五个方面把握国际友好城市工作的未来发展方向。从事国际友好城市工作多年、具有丰富外事经验的李小林会长，对国际友好城市工作的着力点和未来的发展方向进行了很好的提炼，高瞻远瞩的站位对新时代国际友好城市工作具有指导意义。李利国（2013）在 2013 年中国国际友好城市活动走过 40 周年历程之际，梳理总结了中国国际友好城市工作的发展现状和总体目标，提出全国人民对外友好协会对未来 10 年我国国际友好城市总体目标的规划：第一，不断增加我国国际友好城市发展数量，随着我国城市化水平的快速发展，争取到 2020 年，我国国际友好城市数量比现在翻一倍，超过 3000 对，达到世界先进国家水平。第二，不断提高我国国际友好城市发展质量，深化我国国际友好城市在双边、多边政治、经贸、科技、文化、教育等领域的对外交流合作，全面提高我国国际友好城市可持续发展水平，争取到 2020 年，接近世界先进国家水平，加强在生态城市、智能城市、数字城市等高科技领域的交流合作。努力实现国际化城市和城市国际化目标。第三，不断完善国际友好城市发展国内布局。继续大力促进我国东部沿海省市国际友好城市的发展，进一步加快我国中西部地区国际友好城市的发展，使我国国际友好城市发展形成以东部带动中西部地区国际友好城市发展的良性循环态势。第四，不断完善国际友好城市发展对外布局。继续巩固加强与周边近邻国家的国际友好城市关系，发展与西方先进国家的国际友好城市关系，要重点推动与拉美、非洲、南亚、东南欧国家的国际友好城市关系，形成全方位、多领域的对外交流合作态势。这是新时代国际友好城市工作开启以来的第一个国际友好城市十年规划，对后续 10 年我国地方政府发展国际友好城市工作和学界开展国际友好城市理论研究具有重要指导意义。我国学者也对国际友好城市的未来趋势进行了展望。刘炳香（2013）提出树立公共外交意识、挖掘资源塑造国际形象、建立公共外交统筹协调机制、培育社会组织淡化政府身份等地方政府开展和参与公共外交的对策建议。马学广和孟颖焘（2016）提出建立国际友好城市不仅要从发达国家寻求先进技术资源，也要注重从发展中国家寻找市场和资源，形成均衡发展、有所侧重的全球国际友好城市布局网络。陈楠（2018）认为，缔结国际友好城市，是中国的城市外交中典型的双边模式。与国际上各国友好城市发展的趋势相一致，中国友好城市总体发展模式符合世界潮流，从民间文化友好交流切入，逐渐强调更加务实的经济合作，并且合作领域不断扩大，积累的资源越来越丰富，为国家战略服务的渠道也越来越多，友好城市作为城市外交的一个重要模式趋于成熟和稳定。许菲（2021）从多层外交理论视角出发研究中韩城市外交，认为中韩国际友好城市缔结形式不再限于"一对一"关系，开始转向"一对多"方式，而交往模式则由以双边为主发展到双边与多边并重。为地方政府开展国际友好城市工作的中长短期规划提供了参考。刘吕红和曲鑫锋（2024）通过分析新时代国际友好城市建设的逻辑理路、核心要义，提出新时代国际友好城市建设的实践路径是坚持党对国际友好城市工作的全面领导、做好顶层设计谋篇国际友好城市优化发展、开展国际友好城市多领域的广泛合作和始终秉持以人民为中心的价值取向。

（2）对国际友好城市地方实践的研究

研究国际友好城市地方实践的成果较多，主要是围绕地方国际友好城市的基本情况、存在问题、对策建议展开研究。吴沙（2005）以长沙国际友好城市为研究对象，首次系统地研究我国国际友好城市的地方实践。肖冰（2008）、唐颖（2014）、杨樱（2018）分别研究欠发达地区、浦东新区、云南省的国际友好城市建设情况。冒皎皎（2011）、张秋生和张荣苏（2011）、贾伶（2011）、刘赛力（2011）、朱奕希（2016）分别研究中美、中澳、中阿、中韩、中日的国际友好城市的合作交流情况。以上学者对于国际友好城市地方实践的研究给出了因地制宜的对策建议，有助于为其他地区推进国际友好城市务实合作提供经验借鉴，也深入推进了两国关系的研究和公共外交、民间外交的理论研究。

3."一带一路"背景下的城市外交或国际友好城市建设研究

根据对国际友好城市相关理论的梳理，本书认为，"一带一路"倡议的实施是我国城市外交研究的一个转折点。"一带一路"倡议实施后，研究国际友好城市的建设和发展具有鲜明的时代价值和创新意义。新时代的国际友好城市建设应与国家总体外交更紧密地配合，置于"一带一路"的框架下研究。一方面，"一带一路"建设为国际友好城市发展提供了机遇，但也带来了挑战；另一方面，国际友好城市的建设也推动了"一带一路"倡议的实施。一些学者在此基础上进行了探讨。

一是"一带一路"为国际友好城市交往提供机遇和动力。汤伟（2015）提出"一带一路"城市外交动力源自文化交流，包括基础设施、经贸、科技进步在内的城市发展以及对城市发展过程中负面问题的治理。宋俊（2019）认为"一带一路"倡议是发展城市外交的机遇：首先，"一带一路"倡议的经济外交属性与城市外交特征相契合；其次，"一带一路"倡议有助于激发城市外交的内生动力；再次，中央政府为落实"一带一路"倡议所采取的行动有利于城市外交的开展；最后，"一带一路"沿线国家扩大与中国地方的合作为城市外交提供了外在推力。陈烨（2020）认为从地理格局上看，"一带一路"赋予了城市在空间上的互联互通，从经济布局上看，"一带一路"赋予城市在文化、基础设施建设和经贸往来上的便利性，因此"一带一路"沿线国家的城市之间建立国际友好城市关系，不仅使得城市之间的地理关系更为紧密，同时为双方的经贸往来奠定了更为坚实的基础。周杨栋（2019）认为"一带一路"为兰州市对外开放带来的机遇，有利于进一步加快向西开放的步伐、有利于进一步提升战略地位、有利于发挥综合交通枢纽作用、有利于拓展国际交往空间与领域。

二是"一带一路"背景下国际友好城市交往需应对的挑战。崔青山

（2016）分析了西宁与丝绸之路沿线国际城市交流合作机制建设面临的困难，包括产业基础薄弱、经济外向度低、利益诉求差异大、出入境管理严格影响交往便利性。周杨栋（2019）提出"一带一路"给政府外事管理带来的挑战包括政治风险、临近省市竞争激烈和非传统安全方面的隐患。屠启宇等（2022）提出，"一带一路"倡议主要面向欧亚非发展中国家和转型国家，这些国家的城市发展有以下不足：城市化和产业发展水平落后，缺乏基础的合作能力和承接平台；收入水平不高，掌握的资源有限，既缺乏发展模式和知识经验的输出能力，更缺乏应用国际最佳实践和知识模型的现实基础；城市内部复杂，既有历史文化遗产也有着现代化的基础设施，贫富差距较大、文化民族宗教异质性明显，由此难以制定有效的城市发展策略。这使得"一带一路"的国际友好城市多局限于政治和文化交流，尚没有转向基础设施、产业、经贸、科技等实质性领域。同时合作能力也受到生态环境、政局稳定、商业贸易的制约，一方面很多城市没有意愿和能力缔结友好关系，另一方面即使缔结友好关系也未开展实质性合作，由此"一带一路"国际友好城市的总体效果不明显。

三是国际友好城市交往推动"一带一路"倡议的实施。汤伟（2015）认为"一带一路"沿线城市外交最典型的形式是国际友好城市和城市协作平台的构建。"一带一路"沿线城市外交发挥的作用，首先是提升"一带一路"沿线城市对世界城市网络的影响，其次是推动外交决策体制转型，最后是"一带一路"的实施可能会改变国内城市体系，城市外交将在节点城市的城市规划和空间格局中发挥适度影响。董惠敏（2016）认为，"一带一路"沿线城市大多属于发展中国家城市，在追求经济社会发展、提高民众福祉、促进文化创新、加强自身与外部联通等方面有共同的目标，友好城市关系能够促进"一带一路"沿线各城市通过共商、共建、共享，推进开放、均衡、普惠的经济合作，共享经济转型和发展成果。陈楠（2018）认为，"一带一路"倡议是涵盖地域与领域、多层次全方位的重要国家战略，城市外交能够成为"一带一路"这一重要国家战略的有效支撑和实践终端。其中，友好城市交往有助于拓宽政策沟通渠道。首先，"一带一路"沿线城市对外建立友好城市有助于加深所在国家之间的相互了解、消除相关国家对"一带一路"倡议的疑虑和误解，互通有无、共同发展。其次，基于各个层面政策沟通而形成的外交决策，将进一步提高"一带一路"倡议配套措施的科学性。王冉（2021）认为文化距离和地理距离对"一带一路"沿线国家居民来华旅游具有负向效应，缔结国际友好城市具有明显的正向调节效应。潘素昆和张媛媛（2021）研究发现，建立国际友好城市能够减少中国与"一带一路"沿线国家间的文化差异，改善同东道国的政治关系，促进国家间经贸合作，降低对外直接投资风险，促进中国对沿线国家直接投资。他们还建议对于互联互通指数较高，且有国际友好城市关系的沿线国家，我国企业可加大对基础设施建设等大型项目的对外直接投资。该结论为广西引导企业参与国际友好城市合作提供了思路。屠启宇等（2023）提出，国际友好城市对推进"一带一路"建设具有多重便利：第一，国际友好城市已成为平衡"一带一路"沿线区域发展的重要机制；第二，国际友好城市可成为资本、知识、信息、人员流动的重要渠道；第三，国际友好城市作为"一带一路"的推进机制可以发挥民间交往优势。

四是"一带一路"背景下国际友好城市建设的发展方向和对策建议。汤伟（2015）认为"一带一路"涉及的国家和城市很多，其经济实力、产业联系、地理位置和人文状况各不相同，因此国际友好城市建设要有重点和层次，应采取差别化策略。钱晨（2019）认为，若要发挥好"一带一路"背景下的国际友好城市战略地位，应加强科教联系、为文化互通提供经济载体、建立文化与经济互促的良好机制等。吴素梅和李明超（2018）提出要实现国际友好城市之间的多边交流机制，构建"一带一路"友好城市群和网络，发挥区域辐射作用。王冉（2021）指出，未来应推进与"一带一路"沿线国家的航空业务合作，通过国际友好城市间航空运输业务的持续推进，克服地理距离的阻力。要在挖掘我国古代文明记忆的同时，研究"一带一路"沿线国家古老文明，通过共同记忆唤起合作共鸣，为两国旅游产品的开发提供思路和方向。本书认为，推进与"一带一路"国际友好城市的合作还需探索克服距离阻力的创新路径，同时建议双方研究人员加强"一带一路"历史文化研究的合作，以文明记忆唤醒民间情感。葛建华（2022）认为，中国各地政府制定对接"一带一路"倡议的方案以来，国际友好城市合作的主要对象由过去的发达国家逐渐向"一带一路"沿线的发展中国家转移。随着"一带一路"倡议的实施，中国注重加强与东盟等新兴发展中国家开展城市外交，发展方向已从获得向积极给予且互助共赢的方向转型。屠启宇等（2023）提出，"一带一路"覆盖的地域广阔、文化背景千差万别，国际友好城市结好应采取不同的模式和方案：第一，应尽快制定并发布缔结国际友好城市的指导性准则以及相应的程序、步骤和要求；第二，国际友好城市遴选标准从领域上看应转向更追求实效的领域；第三，国际友好城市应着眼于集聚能量，根据议题、区域开展分工统筹；第四，国际友好城市应和多边城市网络和组织形成交流合作关系。冯勤哲（2021）提出，今后可将研究侧重点放在对外合作的其中一个方向上进一步深化，将有利于更充分地理解次国家政府外交的意义，以及其在共建"一带一路"中发挥的作用。

4. 对广西次国家政府外交或广西国际友好城市建设的研究

陈楠（2018）提出，"一带一路"倡议的规划使许多具有地缘优势、具备良好经济社会发展基础的城市纷纷拓展对外交往，在区域化和次区域化合作中谋求国际影响力。南宁被国家定位为面向东盟的核心城市、环北部湾城市群特大城市，以及区域性国际城市，在国家战略和地方发展的双向驱动下，南宁市近年来积极拓展对外交往关系，在城市外交方面开展实践。冯勤哲（2021）发现以广西为代表的次国家政府在中国外交中起到了参与政策制定、实施具体项目以及推动地方省份参与对外开放的作用。在"一带一路"实践案例中，广西不只是中央政府外交政策的执行者，还是灵活的次国家政府外交行为体。中央政府通过政策、资金、公开发言等方式支持和指导广西进行次国家政府外交，广西则通过中国—东盟合作平台的构建、北部湾开放合作以及桂越合作等主要方式深化对外开放，参与到"一带一路"建设当中。在外交领域中，广西政府与中央政府形成了良性互动。陆欣楠（2022）通过研究南宁市的国际友好城市交往情况，认为相比于只有政府参与的单一主体结构，"一核多元"协同治理框架下的国际友好城市交往呈现出领域更广、频度更高、内涵更丰富、效果更好、影响力更突出等特征，坚持和完善"一核多元"协同治理框架是优化国际友好城市交往的直观路径。黄海珍（2023)认为"一带一路"对于国际友好城市发展的推动力十分显著：第一，"一带一路"倡议的经济性质可以给地方政府在内部和外部关系中提供更多动力，并减轻安全方面的压力；第二，广西地方政府通过"一带一路"倡议的实施看到了互利合作的机遇和挑战，认为"出口"是地方经济发展的高速列车和加速器；第三，中央政府实施"一带一路"分权政策，促进了地方外交的发展。

对国内国际友好城市的文献梳理为本书研究提供了理论框架。然而，目前研究仍存在有待完善之处：一是对国家外交战略以及地方对外开放的政策分析较为宏观，对于国际友好城市工作如何与国家外交战略和地方对外开放政策相衔接的研究不足。二是对所在城市的现实基础分析不足，多数研究虽然涉及国际友好城市管理，却对本地在国家对外开放中的定位、本地经济社会发展的情况不够熟悉，难以因地制宜提出适合本地国际友好城市发展的对策建议。三是较少学者深入研究"一带一路"与国际友好城市在哪些方面契合，具有哪些机遇和挑战，如何利用这些机遇和应对挑战推动新时代国际友好城市工作的高质量发展。对于以上有待完善之处，本书将进一步深化对国际友好城市理论的研究并为国际友好城市工作提供更具有针对性的指导。

二、国际友好城市的理论及其发展

（一）国际友好城市的定义

国际友好城市的定义分为狭义的国际友好城市和广义的国际友好城市。关于狭义的国际友好城市，我国《友好城市工作管理规定》（二〇〇二年二月修订执行）规定，"友好城市"系指我国省、自治区、直辖市及所辖城市与外国省（州、县、大区、道等）、城市之间建立的联谊与合作关系（外国一般称"姐妹城市""双胞城市"）。时任中国人民对外友好协会会长的李小林组织编写了国内第一部城市外交理论研究书籍《城市外交：理论与实践》（2016），进一步提出国际友好城市是不同国家间的城市基于互相理解彼此的社会以及文化和促进经贸联系的需要，为发展友好关系而建立的一种结对伙伴关系，一般签署有正式的城市之间结好协议。关于广义的国际友好城市，其定义是包括狭义的友好城市在内的一切与我们发展友好合作交流关系的城市。广义的国际友好城市分为三个层次，最高层次为友好城市，即已经国家正式批准并履行有关程序，具备健康、稳定发展条件的城市；中间层次，如经贸合作城市、友好合作城市等，即已有一定数量的合作交流项目，有些通过努力有望成为友好城市；底部层次，即刚开始接触，还处于相互认识和了解阶段的城市（吴沙，2005）。目前我国多数城市均涉及与广义的国际友好城市开展交流合作，为与全国友协、广西友协的统计口径保持一致，本书的研究对象为狭义的国际友好城市。

（二）国际友好城市的功能和作用

1.国际友好城市交往有助于促进两国友好关系，为国家总体外交大局服务

国际友好城市具有联结两国关系的纽带和桥梁功能。[①]一方面，对于具有共性或相似性的城市而言，国际友好城市具有纽带功能。它能把具有历史、文化、宗教信仰等联系，或者具有地理和人口规模、商业、工业等相似性的城市联结起来。例如，"二战"后欧洲城市理事会基于欧洲城市间的基督教信仰和文化传统推动国际友好城市交往；加拿大城市温哥华与苏联城市敖德赛结为友好城市是由于"二战"后温哥华是加拿大作为盟国援助苏联的港口城市；美国城市波特兰与意大利城市博洛尼亚之间建立国际友好城市关系是由于两城均注重生物科技教育且具有相似的饮食文化；美国城市芝加哥与波兰城市华沙结好是因为在芝加哥的波兰移民的渊源；等等。另一方面，对于具有不同意识形态和处于不同经济发展阶段的国家而言，国际友好城市具有桥梁功能。这一功能主要产生于"冷战"时期，通过在西欧和东欧国家之间建立国际友好城市，突破"冷战"时期形成的国家集团界限，消除意识形态的隔阂；通过在欧洲发达国家与第三世界国家之间建立国际友好城市，加强民间外交。例如，英国城市考文垂与苏联城市伏尔加格勒、东德城市德累斯顿建立国际友好城市关系，是由于三个城市都在"二战"中遭受激烈轰炸，国际友好城市有助于突破彼此意识形态差异并加强民间交流。东西德国统一前，双方许多城市建立了国际友好城市，对后来德国统一起到了积极的推动作用。在美国，时任总统的艾森豪威尔于1956年呼吁通过姐妹城市促进民间外交，国际友好城市成了美国民间外交的一种重要形式，对增强美国在东欧和第三世界国家的影响力发挥了独特作用。在中国，党的十八大以来，城市外交从

---

① 李小林等：《城市外交：理论与实践》，社会科学文献出版社2016年版，第51—52页。

国家总体外交的补充发展为国家总体外交的重要途径，从城市自主开展对外交往的辅助地位，上升为从属于国家总体外交战略规划顶层设计的排头兵和主力军地位。[①] 作为城市外交主要形式的国际友好城市，积极为国家总体外交大局服务。

2. 国际友好城市交往有助于增强文化认同，提升国家文化软实力

一方面，国际友好城市交往有助于增强文化认同。不同国家、地区之间文化存在差异，在开展合作过程中会出现交流不畅、理解困难、互不信任等文化冲突问题。通过建立国际友好城市关系开展人文交流可以弥合文化冲突、建立信任关系，为双方开展各领域的实质性合作打下基础。首先是弥合文化冲突。美国学者欧贝格提出，文化冲突的过程分为蜜月阶段、冲突阶段、适应阶段和融合阶段。[②] 国际友好城市是一种具有固定协议的交往方式，其人文交往也具有长期性、机制化的特点，能够使双方文化在长期的交往交流中逐步交融，从而弥合文化差异。其次是建立信任关系。现代社会个体交易达成的前提是彼此信任。信任关系具有外部性、信息不完全性和长期博弈性三种特性。[③] 外部性是指两个国际友好城市之间建立的信任将辐射扩散到周边城市或区域，产生信任的"溢出效应"。信息不完全性是指国际友好城市一方无法完全了解另一方的信息，需要花费成本去收集，因此较难建立信任。长期博弈性是指国际友好城市在长期多次合作中不断完善对方的信息，强化信任关系并最终形成合作惯性。因此，在信息不完全的条件下，人文交流可以促使国际友好城市间建立信任关系。另一方面，国际友好城市交往有助于提升国家软实力。国家软实力包括文化软实力、政治软实力和社会软实力等，其中国家文化软实力在整个国家软实力体系中居于核心地位，具有对外的国际影

① 李小林等：《城市外交：理论与实践》，社会科学文献出版社2016年版，第68页。
② 邹辉：《缔结国际友好城市对进出口贸易的影响研究》，华中科技大学2022年。
③ 邹辉：《缔结国际友好城市对进出口贸易的影响研究》，华中科技大学2022年。

响力、价值感召力和情感亲和力。[1] 城市是文化的载体，不仅能够体现出一个国家的制度文化，也能够展示出城市的人文品位和一个民族的精神风貌。因此，城市在很大程度上代表着一个国家的软实力。国际友好城市交流机制是城市对外交往的主要形式，城市形象、文化的展现和传播在很大程度上依托于国际友好城市交流平台的搭建和各类活动的举办，其中的人文领域交流更是有助于加深各个国际城市之间在文化方面的理解与认同，从而提高各国在文化方面的影响力，最终成为提升国家软实力的一个重要途径。[2]

3.国际友好城市交往有利于进出口贸易，促进两国投资消费

第一，国际友好城市对进出口贸易具有促进作用。国际友好城市关系对双方城市所增进的社会资本，可以增加有关国外市场的知识储备，这不仅有助于获得有关贸易和投资机会的知识，也能增进认同和信任，减少贸易摩擦和争端。国际友好城市通过城市之间各种类型的互访、商洽和展示交流活动，促进了城市与国际友好城市所在国之间的信息流通和相互信任，城市与其国际友好城市所在国国民由于友好关系的联结也变得更为紧密。对出口方而言，其可根据已有信息将出口产品质量在目的地市场进行精准定位，并合理定价。对进口方而言，这些信息可以为企业对期望进口价格的判断提供依据，通过对出口方市场披露的有关出口产品的生产成本、生产过程信息的了解，进口方企业可以较低价格进口产品。进出口方根据已有信息和知识，为城市与国际友好城市东道国之间的经贸往来提供便利，推动经贸关系的形成和发展。[3]第二，国际友好城市有助于促进对外投资。国际友好城市工作促进两国之间的文化交流，不但可以使得消费者对投资国的文化以及风土人情等有更好的理解，对投资国的民族文化认同感也会慢慢地增强，人们一旦增强了对投资

---

[1] 王光荣：《新时代提高国家文化软实力研究》，东北师范大学2020年。

[2] 刘铁娃等：《城市对外交往与国家软实力　友好城市间文化交流机制研究》，世界知识出版社2020年版，第16—18页。

[3] 陈烨：《国际友好城市关系对我国城市贸易的影响机制及效应研究》，西南财经大学2020年。

国的文化认同，那么他们就会更加愿意购买投资国的产品。加强文化交流进一步提高人民对该国文化的认同感，减少文化冲突，即使不同的民族也会提高在人生观、价值观、宗教信仰等方面的相似度，这样就有利于形成更加相似的消费倾向，那么对跨国企业的经营就会更加便利。[1]第三，国际友好城市有助于促进入境旅游。入境旅游既是一国经济发展的需要，又是加强国家间交往、交流、交融，树立一国良好国际形象的重要环节。友好城市缔结过程包含缔结双方相互协商、谈判、签订协议等一系列活动，涉及双方人员往来和食、住、行、游、购、娱等旅游特征活动，且当双方结为国际友好城市后，往往伴随着更多的艺术、文化、教育、科技等方面的交流，并因此增加双边的入境游客数量。国际友好城市活动主要通过四种作用促进入境游客的增加：（1）通过举办国际友好城市交流大会或市长论坛促进入境游客的增加。（2）通过国际友好城市之间签订合作协议、互派国际交流员等促进入境游客的增加。（3）通过"空间溢出"或"示范效应"促进入境游客的增加。（4）通过缔结国际友好城市关系之前的磋商促进入境游客的增加。[2]

4. 国际友好城市促进各领域交流合作，为城市参与全球治理提供平台

现代国际友好城市交往最直接的动力是促进两个城市的经济社会发展，这一发展将从文化交流拓展到经贸往来、城市治理等领域，文化交流所促成的相互信任也将贯穿于各领域的合作中。当前，非传统安全方面的威胁随着全球化和区域化程度的加深而越发严重，恐怖主义、环境污染、生态破坏、资源匮乏、文化安全等问题日益凸显，一个国家的经验往往有着局限性。[3]国际友好城市为城市间提供了交流治理经验的场所，促进城市间学习借鉴并就合作治理达成共识。对于中国城市而言，参与全球治理具有更加特殊的意义。

---

[1] 董双华：《文化外交对中国OFDI的影响研究》，广西大学2018年。

[2] 王亚辉、全华、尹玉芳：《国际友好城市的入境游效应——来自中国38个客源国的经验证据》，《经济管理》2017年第3期。

[3] 邢伟：《总体国家安全观视角下的中国城市对外交流》，《大连干部学刊》2018年第2期。

传统上，中国的城市外交是指城市政府在国家主权和总体外交战略的框架内，为实现国家和城市的利益，在中央政府的授权或政策指导下从事的国际交往活动，是中国特色民间外交的重要组成部分，其主要表现形式是以友好城市交流活动为主的民间交流。但是进入新时代以来，中国城市开展城市外交应更加注重在全球治理领域发挥创造性作用。自习近平新时代中国特色社会主义外交思想提出构建人类命运共同体以来，中国的总体对外战略强化了价值观理念的内核。构建人类命运共同体思想超越了国家间关系的维度，突出人类共同的理想与追求，具有价值观上的指向。作为一个具有5000多年历史的文明型国家，中国智慧和中国方案将有助于解决全球性问题和世界各国的发展问题。新时代中国的城市外交需要配合国家的总体外交和地方发展，面向世界，在应对世界各国人民共同面对的全球性挑战上做工作，推动中国方案和中国精神落地生根。[①]

（三）国际友好城市的发展历程

国际友好城市在世界各国的称谓各有不同，又称为双胞城市、姐妹城市、伙伴城市、兄弟城市、结好城市、纽带城市等。其最早起源于"一战"后的欧洲。"一战"后，英国约克郡凯里市的官员到访法国普瓦市时看到市内到处是残垣断壁以及备受战争折磨的市民，深深为之触动。为了医治战争的创伤，凯里市官员便向普瓦市提出希望两市结好并帮助普瓦市进行战后重建的建议，于是就有了世界上第一对国际友好城市。

"二战"后，法国和德国的地方领导人开始审视他们国家的过去，试图寻找一个新的未来。他们得出的结论是，在两次世界大战之间的时期，政府在维持和平方面缺乏压力，这是希特勒成功地将世界引向战争的因素之一。因此从中得出经验教训：法德两国人民的首要利益在于和平与合作。不仅要避

---

① 熊炜等：《变革中的国际秩序与城市外交》，时事出版社2019年版，第5页。

免战争，还要学会合作，直到两国重新连接而不是对抗，为法国和德国在国家层面的政治合作奠定基础，防止新的法德战争。于是，两国建立了法德了解和欧洲合作国际市长联盟（IBU），由两国的市长组成。这一联盟定期召开市长会议并建立国际友好城市（两国命名为姐妹城市），为两国间的城市和人员交流提供平台。这一组织认为，一个德国城市与一个法国城市进行全部或大部分交流要简单得多，而不是每年在一个新城市与一个不熟悉的官方机构打交道，因此，国际友好城市的建立很有必要。他们还认为，国际友好城市是唯一能够通过城市与城市、人与人之间的合作，从下而上建立理解的关系，有助于在不受高级政治变化影响的情况下，为两国之间密切关系的持续发展作出贡献，从而为欧洲国家间的合作奠定基础。① 因此，法德两国建立了数量众多的国际友好城市并促进了两国城市之间的交流与合作，这一运动也在西欧蓬勃发展起来，并随着 20 世纪 60 年代至 70 年代欧洲一体化进程的推进得以加速发展。

　　1956 年，时任美国总统德怀特·戴维·艾森豪威尔在白宫举行的公民外交峰会上创建了美国国际姐妹城市协会，提出建立姐妹城市的目的是让社会各阶层的个人和有组织的团体参与公民外交，希望通过姐妹城市的关系培养个人关系，减少未来世界冲突的可能性。他认为国际关系应鼓励地方层面上的个人参与，国际友好城市关系应与国家关系相联合，为解决冲突提供更多机会。② 这一观点的提出超越了西欧国家国际友好城市仅由市长倡议或进行城市层面上的人员交流的模式，将姐妹城市活动与国家层面上的外交活动和解决冲突联系在一起，更具外交意味。③

　　20 世纪 50 年代至 70 年代，国际友好城市交往主要是在西方国家的范围

---

① Edwina S. Campbell, The Ideals and Origins of the Franco-German, Sister Cities Movement, History of European Ideas, 1987, 8（1）：77-95.

② History about Sister Cities International[EB/OL].(2024-11-28).https://sistercities.org/about-us/#.

③ 李小林等：《城市外交：理论与实践》，社会科学文献出版社2016年版，第39页。

内，到了 20 世纪 80 年代，国际友好城市交往范围不断扩展，许多西方国家与东欧社会主义国家、发达国家与发展中国家纷纷建立国际友好城市关系。1983 年世界上多个国家的地方政府联合成立了地方政府国际联盟（IULA），后发展为世界城市与地方政府联合组织（UCLG），包含我国在内的许多国家的城市都加入其中。

三、我国的国际友好城市工作

（一）我国国际友好城市工作的发展历程

我国国际友好城市的历史始于 1973 年天津市与日本神户市的结对。由此我国国际友好城市工作经历了四个发展阶段：一是 1973 年至 1977 年的起步探索阶段。1972 年美国总统尼克松访华后中美关系开始改善，日本首相也随即表示要尽快实现同中国邦交正常化。因此，在 1979 年中日正式建交前，中日民间先行接触。1972 年日本神户市市长率团来华时，向周恩来总理提出愿与中国的港口城市建立国际友好城市关系，周恩来总理推荐天津市与神户市结好。1973 年两市签署了国际友好城市关系协议，成为中国第一对国际友好城市。这一时期，中国共缔结了 6 对国际友好城市，均为日本城市。二是 1978 年至 1991 年的快速发展阶段。改革开放后，我国国际友好城市工作快速发展，结好城市数量由 6 对增加到 390 对，拓展到多个国家，交流领域也从共叙友情拓展到经济、文化、教育、人才培训等方面。但此时仍没有一个专门的机构统筹管理国际友好城市工作。三是 1992 年至 2012 年的全面发展阶段。为统一协调管理国际友好城市工作，1992 年，中国人民对外友好协会发起成立中国国际友好城市联合会。与此同时，国际友好城市工作还十分重视开拓多边城市交往渠道，1999 年，中国人民对外友好协会以中国地方政府代表的身份加入地方组织国际联盟（IULA），该组织后发展为世界城市与地方政府联合组织（UCLG）。2004 年，上海、天津、广州、湖南等中国省市作为创始会员相继加入 UCLG。这一时期，许多省市与多个外国城市结为友好关系，结好国际友好城市新增约 750 对，国际友好城市交往由引进资金、技术与人才的单向交流发展为互惠互利的互动式交流，交流领域开始拓展到城市的现代化管理、规划和可持续发展等方面。四是 2013 年至今的新时期阶段。2013 年，国家主席习近平提出共建"一带一路"的重大倡议，标志着我国国际友好城市工作进入新时期。2015 年 3 月发布的《推动共建丝绸之路经济带和 21 世纪海上丝绸之路的愿景与行动》提出以沿线中心城市为支撑，实现政策沟通、设施联通、贸易畅通、民心相通，城市成为"一带一路"倡议的重要支点和参与者。因此，为实现"五通"涉及的外交、经贸、金融、基建、交通、人文、环境等领域的合作，鼓励"开展城市交流合作，欢迎沿线国家重要城市之间互结友好城市，以人文交流为重点，突出务实合作，形成更多鲜活的合作范例"[1]。为新时期我国国际友好城市发展指明了方向。截至 2024 年 10 月，我国有 31 个省、自治区、直辖市（不包括台湾省及港、澳特别行政区）和 541 个城市与五大洲 147 个国家的 602 个省（州、县、大区、道等）以及 1867 个城市建立了 3046 对友好城市（省州）关系。

（二）我国对国际友好城市工作的管理和规定

根据中国人民对外友好协会《友好城市工作管理规定》（二○○二年二月修订执行），我国的国际友好城市工作由中国人民对外友好协会主管，归口外交部领导。地方的友好城市工作归口各省、自治区和直辖市人民政府外事办公室主管。开展友好城市活动要贯彻"态度积极，步骤稳妥，友好当先，注重实效"的工作方针，坚持"讲友谊，讲互利，讲实效"的对外交往原则。我国的友好城市工作以促进我国城市（包括省、自治区、直辖市）和外国城

---

[1]　国家发改委、外交部、商务部：《推动共建丝绸之路经济带和21世纪海上丝绸之路的愿景与行动》，人民出版社2015年版，第14页。

市（包括省、州、县、大区、道等）之间的了解和增进友谊，配合国家整体外交的需要和双边关系的发展，开展双方在经济、科技、文化等方面的交流合作，推动社会繁荣与进步，维护世界和平为宗旨。

（三）我国国际友好城市工作的性质和特点

我国国际友好城市交往具有半官方半民间的性质。之所以同时具有这两重性质，是因为它在建立和运作过程中同时涉及政府层面的正式合作与民间层面的自发交流。这种半官方半民间的特性使得友好城市关系既能服务于国家外交战略，又能促进民间的直接互动与合作，它较官方外交更有灵活性，较民间外交更有专业性，成为国际交流的重要形式。官方性质主要体现在以下方面：一是政府主导与推动。友好城市关系的建立通常由地方政府（如省、市一级政府）主导，双方政府通过正式协议确定合作关系。签署协议时，往往会有政府高层官员（如省长、市长）参与，体现其官方性质。二是国家外交政策的延伸。国际友好城市关系通常在国家外交政策的框架内进行，得到中央政府的支持或认可。中国的外交政策中，国际友好城市关系被视为"地方外事"的一部分，服务于国家总体外交战略。三是公共资源的投入。国际友好城市之间的合作项目（如基础设施建设、教育交流、公共卫生合作）通常需要政府资金和政策支持。这些项目往往涉及公共资源的调配，具有明显的官方背景。四是外交礼仪与正式性。友好城市之间的互访、交流活动通常遵循一定的外交礼仪，例如官方接待、签署备忘录等。这些活动具有正式的外交性质，体现了政府间的合作。五是政策协调与法律保障。国际友好城市关系的建立和运作需要符合双方国家的法律法规，并在政策层面进行协调。例如，某些合作项目可能需要中央政府批准或备案。国际友好城市的民间性质主要体现在以下方面：一是民间组织与个人的参与。在国际友好城市关系的实际运作中，许多活动由民间组织（如商会、协会、学校）和个人推动。例如，文化交流、学生互访、经贸合作等活动有时由民间组织。二是非正式性与灵活性。相比正式的外交关系，国际友好城市关系更注重民间的直接互动，形式更加灵活多样。例如，民间艺术团体的互访、体育赛事、美食节等活动，通常不需要严格的官方程序。三是具有民间外交的作用。友好城市关系通过民间交流促进相互理解，增强两地民众的友好感情，这种"民心相通"是民间外交的核心目标。例如，学生交换项目、旅游推广等活动，直接促进了两地民众的互动。

国际友好城市交往具有四个特点。[①] 一是稳定性。不同于一般的城市对外交往活动，国际友好城市签订的结好协议具有契约关系，双方每年都要实施交往计划，是城市政府间进行长期、稳定、机制化的对外交往渠道。二是全面性。国际友好城市交往主体覆盖城市中的政府、企业和民间等各个层面，交往内容包括经贸、文化、艺术、教育、司法和城市管理等各个领域。三是地方性。国际友好城市关系的建立是为地方和城市提供对外交往的渠道，满足地方和城市的对外交往需要以及跨越国界的利益需求。四是补充性。在中国，国际友好城市作为城市外交的一种主要形式，通过以民间外交促进官方外交的形式，一方面是对国家外交政策方针进行具体实施，另一方面是国家总体外交战略的重要补充。国际友好城市的发展历程表明，这一关系能在不同时期的国际交往中发挥独特作用。

（四）新时代我国国际友好城市工作的指导思想

新时代国际友好城市工作要以习近平外交思想为根本遵循，以习近平总书记关于国际友好城市工作的重要论述为引领，才能服务好国家发展大局和总体外交全局、促进地方经济社会发展。习近平总书记关于国际友好城市工作的重要论述，立意高远，内涵丰富，思想深邃，深刻回答了为什么要建设国际友好城市，建设什么样的国际友好城市，怎样建设国际友好城市等理论

---

① 李小林等：《城市外交：理论与实践》，社会科学文献出版社2016年版，第50页。

和实践问题，是指引新时代新征程国际友好城市工作高质量发展的行动指南。

国际友好城市交往的背景和时代意义是共同应对全球治理挑战。"建设一个什么样的世界、如何建设这个世界"是人类社会的永恒命题。2008 年 11 月，时任国家副主席的习近平出席中国国际友好城市大会开幕式时强调"世界各国既面临难得的发展机遇，也面临前所未有的挑战。气候变化、环境恶化、严重传染性疾病、重大自然灾害、能源安全、粮食安全等全球性问题突出，特别是严重的国际金融危机席卷全球，给世界经济发展带来种种不稳定不确定因素。世界各国正在密切合作应对挑战，世界各国城市也应该顺势而为，进一步加强友好交往，不断扩大和深化各领域合作"。[①] 这一论述深刻阐释了开展国际友好城市工作的背景和时代意义。当下，世界之变、时代之变、历史之变正以前所未有的方式展开。面对层出不穷的全球性挑战，单打独斗行不通，必须开展全球行动、全球应对、全球合作。新时代我国国际友好城市建设要结合时代背景与时俱进，携手各国国际友好城市共同应对全球城市治理挑战，积极拓展与国际友好城市的友好关系，同国际友好城市广泛开展经贸、金融、科技、教育、人文、青年等各领域的交流合作，努力形成深度交融的互利合作网络。

国际友好城市交往的重要作用是深化各国人民之间的友谊、实现互利共赢。国之交在于民相亲，人民友好是国际关系行稳致远的基础，是促进世界和平与发展的不竭动力。2023 年 11 月 3 日，国家主席习近平向第五届中美国际友好城市大会致信时指出："中美关系的基础在民间，力量源泉在人民友好。友好省州和友好城市是深化中美人民友谊、实现互利共赢的重要载体。"[②] 习近平主席的讲话都强调了国际友好城市交往的重要意义。在经济全球化遭遇逆流的背景下，新时代国际友好城市工作要助力我国发展全球伙伴关系，

---

① 习近平在中国国际友好城市大会开幕式上的致辞[EB/OL].（2008-11-08）[2024-11-23].http://www.ce.cn/xwzx/gnsz/szyw/200811/08/t20081108_17319583.shtml.

② 《习近平向第五届中美国际友好城市大会致信》，《人民日报》2023年11月04日01版。

扩大同各国国际友好城市的利益交汇点，通过两国地方交往积极配合推进大国协调和合作，按照亲诚惠容理念和与邻为善、以邻为伴的周边外交方针深化同周边国家国际友好城市的关系，秉持正确义利观和真实亲诚理念加强同发展中国家国际友好城市的团结合作，从而在推动与各国关系健康稳定发展、增进各国人民福祉上发挥更大作用。

国际友好城市交往的目标是实现资源共享、优势互补、合作共赢。2014年5月15日，国家主席习近平出席中国国际友好大会暨中国人民对外友好协会成立60周年纪念活动时强调："要大力开展中国国际友好城市工作，促进中外地方政府交流，推动实现资源共享、优势互补、合作共赢。"[①]这一讲话为我国国际友好城市交往的目标提供了遵循。各国城市由于地理位置、历史文化、资源禀赋等要素不同，一方面发展差距较大，另一方面各自的特色也非常鲜明，因此，应通过资源共享缩短双方的发展差距，将国际友好城市的特色优势发挥到最大，注重国际友好城市间的资源整合、要素融合、优势互补，围绕双方推动经济社会发展的共同期待，相互借鉴、互促互进、共同发展。同时应加强多边合作，拓展国际"朋友圈"，努力扩大各方共同利益的交汇点，实现双赢、多赢、共赢。

国际友好城市交往的原则是讲友谊、讲互利、讲实效。2008年11月，时任国家副主席的习近平出席中国国际友好城市大会开幕式时对加强新形势下的国际友好城市活动提出了三点建议："第一，讲友谊。世界各国城市大小不同、历史文化各异。国际友好城市应该平等相处、真诚相待，倡导彼此尊重、互信包容、相互理解的精神，增进人民的友谊和感情，为实现世界持久和平发挥桥梁和纽带作用。第二，讲互利。世界各国城市发展水平不一，但各有优势。国际友好城市应该相互学习、取长补短，通过互利互惠的合作，为实现各国共同发展创造良好条件。第三，讲实效。世界各国城市在经济发展、

---

① 习近平：《习近平在中国国际友好大会暨中国人民对外友好协会成立60周年纪念活动上的讲话》，《人民日报》2014年05月16日02版。

公共服务、城市管理、社会稳定、环境保护等方面承担着同样或类似的责任。国际友好城市应该加强这些领域的合作，分享彼此的经验，以进一步增进当地人民福祉。"①这三点建议明确了我国国际友好城市对外交流合作的原则。国际友好城市工作要首先以友好交往为基础，在增进人民友谊的过程中建立互信关系，从而推动互利合作，并在长期的交往中拓展深化各领域合作，逐步推动地方友好交往向实质性交往深入。

国际友好城市交往的工作举措是强化一批、激活一批、开辟一批。党的十八大以来，习近平总书记对国际友好城市工作作出一系列重要指示，明确要求在现有国际友好城市的基础上再"强化一批、激活一批、开辟一批"。这对我国国际友好城市交往的工作重点进行了精准部署。各地国际友好城市管理部门要抓好三个方面工作，一是对于交往密切和一般性交往的国际友好城市，要注重形成长效机制、打造特色交往品牌、深化务实合作和拓展更多领域的交流。二是对于停滞交往的国际友好城市，要主动重新激活与其的联系，尽快找到利益契合点，争取恢复常态化、机制化的交流。三是优化全球布局、织密友好网络，紧密配合国家外交战略和结合地方经济社会发展实际，结好一批新的国际友好城市，不断扩大城市国际"朋友圈"，建立更多友好关系，挖掘更多合作机遇。

国际友好城市作为"半官方半民间"性质的交往平台，为中国人民和世界各国人民的友好交往作出了重要贡献。新时代新征程，做好国际友好城市工作要准确认识世界发展大势，深刻把握国际友好城市交往的时代意义，通过"强化一批、激活一批、开辟一批"的举措，进一步发挥国际友好城市在深化国家间人民友谊、实现互利共赢方面的积极作用，以讲友谊、讲互利、讲实效为原则开展对外交往，推动实现与各国国际友好城市的资源共享、优势互补、合作共赢。

---

① 习近平在中国国际友好城市大会开幕式上的致辞[EB/OL].（2008-11-08）[2024-11-23].http://www.ce.cn/xwzx/gnsz/szyw/200811/08/t20081108_17319583.shtml.

第三章

"一带一路"与国际友好城市建设

在"一带一路"背景下推进国际友好城市工作的发展，需要深入挖掘两者之间的相互联系，找到它们的契合点，让两项事业迸发出新的火花。"一带一路"倡议与国际友好城市工作相辅相成，在内容上契合，在实施路径上互相配合，共同推进构建人类命运共同体这一伟大愿景的实现。

一、国际友好城市交往助推"一带一路"倡议实施

2015 年发布的《推动共建丝绸之路经济带和 21 世纪海上丝绸之路的愿景与行动》对"一带一路"倡议的主要内容和合作重点进行了阐释，分别是政策沟通、设施联通、贸易畅通、资金融通和民心相通，简称"五通"。国际友好城市交往能直接推动贸易畅通和民心相通的实现，并随着交往的深化推动政策沟通、设施联通和资金融通的发展。

（一）国际友好城市交往推动经贸往来

贸易畅通就是要消除投资和贸易壁垒，构建区域内和各国良好的营商环境，激发并释放合作潜力。国际友好城市通过畅通信息交流渠道、运用空间溢出的带动效应来降低贸易壁垒，应对不确定性风险的冲击，营造良好的营商环境，从而促进经贸合作。在畅通信息交流渠道和实现空间溢出带动效应方面，一方面国际友好城市会在城市之间产生示范效应和竞争效应，即一个城市与外方建立国际友好城市关系会引起周边城市的效仿，从而与国际市场的联系更加紧密，降低当地准入壁垒和门槛，减少信息不对称和贸易成本，从而促使这些城市的出口贸易增长；另一方面要素资源具有跨区域流动的特点，且经贸活动自身也具有空间溢出的特性，即投资和人力等国际社会资本能够以国际友好城市为跳板向周边城市扩散和流动，参与到周边城市的经贸

活动中，从而提高周边城市的经贸发展水平，周边城市也可以通过城市间"搭便车"行为，利用国际友好城市与国际市场建立贸易联系，通过中介渠道进入国际市场，从而实现城市出口贸易增长。此外，地理距离相近的城市之间往往具有产业分工协同关系，当一个城市通过国际友好城市打通国际市场时，不仅能带动当地出口贸易增长，还能促使周边城市出口贸易增长。[①]在应对不确定性风险的机制方面，首先，国际友好城市可以稳定贸易联系、减少不确定性风险冲击下的出口退出行为，表现为当面临不确定性风险的冲击时，国际友好城市可以发挥纽带作用，通过国际友好城市间的协商与合作共同应对危机，为出口企业提供必要的支持措施。其次，国际友好城市可以缓解贸易摩擦、减少不确定性风险下贸易摩擦激增带来的出口损失，表现为两国地方之间交往程度越深，国际友好城市数量越多，对一个国家的贸易政策影响越大，因此国际友好城市可以通过沟通协商的方式影响外国地方政府的决策，缓解两国之间的贸易摩擦，进而减少贸易摩擦对我国出口贸易的负面影响。[②]

（二）国际友好城市交往促进民心相通

实现民心相通要积极开展城市交流合作，鼓励"一带一路"沿线国家重要城市之间互结为友好城市，以人文交流为重点，突出务实合作，形成更多鲜活的合作范例。国际友好城市通过以下两个方面促进民心相通。其一，国际友好城市是实现民心相通目标的有效载体。民心相通的"通"有三个境界：首先是增进彼此了解，其次是在了解的基础上形成好感、建立友谊、深化互信，最后是对全球治理模式，特别是中方倡导的合作共赢理念形成共识，共建人类命运共同体。[③]每一重境界都包含庞杂的内容，它体现在每份文件、每次交往、每声问候之中。自1973年我国与国外城市建立第一对国际友好城市

① 周建军：《国际友好城市关系对中国城市出口贸易的影响研究》，中央财经大学2022年。
② 周建军：《国际友好城市关系对中国城市出口贸易的影响研究》，中央财经大学2022年。
③ 李自国：《"一带一路"愿景下民心相通的交融点》，《新疆师范大学学报（哲学社会科学版）》2016年第3期。

关系以来，有许多国际友好城市关系维系至今，通过举办无数场活动、惠及众多民众、几代人的接力参与，厚植两座城市之间的民意基础。国际友好城市交往的长期性和机制性特点，使它通过深耕无数个节点城市的民间友好关系，以点带面结成国家间、区域间的友好网络，将民心相通融于国际友好城市交往中的点点滴滴，达到润物细无声的效果。其二，国际友好城市联结民心相通的各类主体已达成共识。民心相通的主体既包括社会精英（如各级官员、媒体人士、专家学者、企业家），也包括普通民众，人人都是友谊的传播者。精英在民心相通中起先导作用，广大民众是后盾。就"一带一路"建设而言，社会精英对中国倡议最先了解、最先响应，是合作的规划者和执行者。民心相通的第一步是与各国社会精英的沟通，然后自上而下传导至普通百姓。在普通人理解和受益后，会形成自下而上的社会支持。如果上层决策得不到普通百姓的支持，最终会难以持续；如果合作使老百姓得到了实惠，即使高层变更，新领导层也会顺应民心，继续推动"一带一路"合作。[①] 国际友好城市作为半官方半民间形式的外交平台，通过机制性举办市长会议、媒体互访、学者交流、企业家招商投资等活动，从地方政府牵头到民众参与，联通各行各业的人员达成共识，通过多主体参与的务实合作使城市间交往代代相传，不易受两国高层变更的影响，从而推动"一带一路"的持续发展。

（三）国际友好城市全方位助推"一带一路"内容实施

沿线各国资源禀赋各异，经济互补性较强，彼此合作潜力和空间很大，随着次国家政府对外交往的深化，除了积极推进经贸合作和人文交流，还可以通过国际友好城市合作拓展在政策规则、基础设施、投资金融方面的国际议程。其一，加强政策沟通是"一带一路"建设的重要保障，国际友好城市交往可以为政策沟通提供机制性平台。实现政策沟通要加强政府间合作，积

---

① 李自国：《"一带一路"愿景下民心相通的交融点》，《新疆师范大学学报（哲学社会科学版）》2016年第3期。

极构建多层次政府间宏观政策沟通交流机制，深化利益融合，促进政治互信，达成合作新共识。国际友好城市作为两国地方政府间合作的主要形式，通过友好省州或城市之间长期性的高层互访机制，将政策沟通纳入双方的交流议程，搭建次国家政府间宏观政策交流的平台，从而推动达成合作新共识。其二，基础设施互联互通是"一带一路"建设的优先领域，国际友好城市交往可以为设施联通奠定良好的沟通合作基础。"一带一路"沿线城市主要是发展中国家城市，追求经济社会发展、增进民众福祉、加强自身与外部联通是共同的关切，因此需要推进包括铁路、公路、石油天然气管道和空中航线等在内的互联互通。然而，这些基础设施建设具有自身特点，外部性强，投资量大，运营风险高，一旦建成易形成"锁定"，因此除了经济和技术特性也有政治和外交属性，表现在政治和战略猜疑、各地发展水平和对基础设施需求差异大、沿线民情和社情复杂、基础设施建设和运营时间长产生各种背离合约的行为出现等方面。在这种复杂背景下，尽管需要国家层面的外交创新，但也难以完全应对，因此需要多层次的制度创新和社会网络构造，地方和城市获得参与空间。[①]基础设施建设、运营和维护是一项长期且复杂的系统工程，在缔结或开展国际友好城市交往时，可重点强化与地方政府在互联互通规划方面达成共识的关键城市、重点城市的联系，形成良好的沟通合作基础，推进互联互通项目向纵深发展，同时，互联互通项目的实现也将为国际友好城市之间加强联系提供便利，减少因地理距离产生的隔阂，降低空间运输成本，促进沿线人文交流和经贸合作。其三，资金融通是"一带一路"建设的重要支撑，国际友好城市交往有助于破解跨境融资难题。国际友好城市作为地方政府间的合作纽带，在"一带一路"资金融通中扮演着"灵活桥梁"的角色。通过创新协作模式，在尊重国家主权框架的前提下，以务实方式破解跨境融资难题。一是通过建立国际友好城市之间的小范围试点，探索金融政策的突

①　汤伟：《"一带一路"与城市外交》，《国际关系研究》2015年第4期。

破路径，既能控制风险，又能积累可推广的经验。二是通过共建数字化金融平台，让区块链技术确保交易记录不可篡改、智能合约自动执行付款条件、物流数据实时转化为信用凭证，从而实现资金的高效匹配与监管。三是通过将大型工程拆解为多个关联子项目、签署收益权互换协议、引入保险共担池，形成跨境项目风险缓释机制。四是通过共同制定绿色投资标准、共享专业人才库、建立危机互助基金等举措，构建可持续的合作网络。总之，国际友好城市通过一个个"小而美"的协作模块，逐步构建起"一带一路"资金融通的坚实底座。

二、"一带一路"倡议为国际友好城市发展提供机遇

"一带一路"倡议主要通过缩短时空距离、搭建机制平台、夯实合作基础三个方面促进国际友好城市发展。时空距离的缩短是物理前提，解决"能否连接"的问题；机制平台的搭建是制度保障，解决"如何高效合作"的问题；合作基础的夯实是价值升华，解决"为何持续合作"的问题。这一机制通过"物理连接—规则赋能—价值融合"的螺旋式演进，推动国际友好城市从浅层互联走向深度互嵌，最终形成以基础设施为骨架、制度规则为血脉、人文生态为灵魂的立体化合作网络。

（一）缩短时空距离：构建物理互联网络，提高城市间交互效率

"一带一路"以交通、能源、通信等基础设施的"硬联通"为核心，通过跨国铁路、港口、航空网络及数字化通信系统的建设，突破地理空间对城市间互动的制约。例如，跨境高铁和物流通道的贯通，大幅缩短货物运输时间和降低成本，使国际友好城市间的产业链衔接更加紧密；5G网络和跨境光缆的铺设，则打破信息传递的时空壁垒，推动城市间实时协作与数据共享。这

种物理层面的高效连接，不仅加速了资源要素的跨国流动，更通过缩短"时空距离"重塑了城市间的经济地理关系，使原本分散的城市节点被纳入统一的区域发展网络，形成"点—轴—面"联动的空间结构。

（二）搭建机制平台：创新制度协同模式，降低合作制度性成本

"一带一路"通过多层级制度设计，为国际友好城市合作构建规则化、常态化的协作框架。在宏观层面，通过签署区域贸易协定、建立海关通关一体化机制，协调各国政策、统一标准，减少跨境合作的行政壁垒；在中观层面，依托亚投行、丝路基金等投融资平台，为城市间合作项目提供可持续的资金支持，并通过人民币跨境支付系统（CIPS）等金融工具降低汇率风险；在微观层面，推动成立城市间联盟组织，搭建信息共享与经验交流平台。这些机制创新，将碎片化的城市合作提升为系统性的制度协同，通过规则互认、风险共担和利益共享，显著降低合作的交易成本，使国际友好城市间的合作从临时性项目向长期制度化协作演进。

（三）夯实合作基础：拓展多元合作维度，筑牢可持续发展根基

"一带一路"通过"经济—社会—生态"多维度的基础夯实，推动国际友好城市合作向纵深拓展。经济层面，通过共建产业园区、跨境电商试验区等载体，促进产业链上下游协同，将单一贸易往来升级为技术研发、生产制造、市场拓展的全链条合作；社会层面，依托教育交流、文旅合作和民间组织互动，培育文化认同与社会信任，形成"市场驱动＋人文润滑"的双重合作动力；生态层面，引入绿色基建标准和清洁能源技术合作，将可持续发展理念嵌入城市合作项目，确保经济增长与环境保护的平衡。这种多维基础的夯实，不仅扩大了合作领域（从传统基建向数字经济、低碳技术等新兴领域延伸），更通过增强合作韧性（如公共卫生、减贫等民生项目），使国际友好城市关系超越短期经济利益，升华为命运共同体层面的价值共鸣。

三、推动构建人类命运共同体

（一）"一带一路"建设的理论旨归是构建人类命运共同体

当今世界正历经百年未有之大变局，人类发展又一次站在了十字路口，习近平总书记以大国领袖的恢宏视野和战略思维，鲜明地提出了"人类命运共同体"的伟大构想，在多个场合为全球治理提出中国方案，为力破世界发展问题贡献中国智慧和中国力量。2013 年，习近平主席在俄罗斯首次提出"命运共同体"[①]。2015 年 9 月，在联合国成立 70 周年峰会上，习近平主席就构建人类命运共同体提出"五位一体"的总体路径，进一步提出建立以互利合作、构建人类命运共同体为核心的新型国际关系[②]。之后，他在党的十九大报告中正式提出人类命运共同体，描绘人类美好的未来世界，提出"建设持久和平、普遍安全、共同繁荣、开放包容、清洁美丽的世界"[③]。而"一带一路"建设正是对人类命运共同体理念的具体实践。这一理念为"一带一路"建设提供了清晰的理论指引，不断推进更加公正合理的国际政治经济新秩序的形成。

1. "一带一路"和平理念与构建"持久和平"世界相呼应

中国自古以来热爱和平，对和平有着孜孜不倦的追求，和平已深藏于中国人的灵魂深处。顺应着时代发展的潮流，中国始终坚定不移地走和平发展之路。2015 年 9 月，在联合国成立 70 周年峰会上，习近平主席明确指出："中国将始终做世界和平的建设者，坚定走和平发展道路，无论国际形势如何变化，无论自身如何发展，中国永不称霸、永不扩张、永不谋求势力范围。"[④]

---

① 习近平：《习近平谈治国理政：第一卷》，外文出版社2014年版，第272页。
② 习近平：《习近平谈治国理政：第二卷》，外文出版社2017年版，第522页。
③ 习近平：《习近平谈治国理政：第三卷》，外文出版社2020年版，第46页。
④ 习近平：《习近平谈治国理政：第二卷》，外文出版社2017年版，第525页。

新中国成立 70 多年以来，中国始终坚定不渝地奉行独立自主的和平外交政策，坚持遵循国家主权平等原则和和平共处五项原则，以实际行动做世界和平的维护者和建设者。面对当今复杂多变的国际局势，"冷战"思维依然存在，霸权主义和强权政治仍然突出，国际社会环境中不确定不稳定因素明显增多，基于对人类发展走向所作出的准确把握和清醒判断，习近平总书记强调"要相互尊重、平等协商，坚决摒弃冷战思维和强权政治，走对话而不对抗、结伴而不结盟的国与国交往新路"①。当前，"一带一路"建设正恪守这个共商共建共享原则，与沿线各个国家和地区加强沟通合作，秉持"以发展促和平"理念，共同应对全球化进程中的风险和挑战，共同促进世界和平稳定繁荣。可以说，"一带一路"倡议是促进世界和平与稳定的助推器，与人类命运共同体构建"持久和平"世界的理念相呼应。

2. "一带一路"安全理念与构建"普遍安全"世界相呼应

加强全球安全合作，实现世界和平，是当前世界各国的现实需要和人类的共同愿望。当今世界局势总体趋于缓和，但全球大变局中国际安全问题依然严峻，传统安全问题与非传统安全问题交织并存，特别是恐怖主义、粮食安全、气候变化等非传统安全问题层出不穷，影响当今世界和平与发展的进程。对此，习近平总书记站在全球治理的新高度提出了构建"普遍安全"世界的理念，倡导世界各国应坚持互信、互利、平等、协作的新安全观，为全球治理带来新思路和新方案。在"一带一路"倡议中，这一全球治理理念得到了充分彰显。习近平总书记指出："在经济全球化时代，各国安全相互关联、彼此影响。没有一个国家能凭一己之力谋求自身绝对安全，也没有一个国家可以从别国的动荡中收获稳定。"②当前，"一带一路"建设倡导经济发展与和平安全并重，通过经济发展解决安全问题、巩固安全成果，有利于增进沿线各国的社会稳定；倡导通过和平对话、谈判协商解决各国之间的各种分

① 习近平：《习近平谈治国理政：第三卷》，外文出版社2020年版，第46页。
② 习近平：《习近平谈治国理政：第二卷》，外文出版社2017年版，第523页。

歧和争端，以促进全球治理公平正义，不断增进沿线各国人民的福祉，共同携手构建安全共同体。

3. "一带一路"发展理念与构建"共同繁荣"世界相呼应

合作共赢是构建人类命运共同体的核心。当前经济全球化仍是历史大势所趋，全球供应链、产业链和价值链紧密相连，各大经济体合作密切，世界各国、各地区日益形成"你中有我、我中有你"的相互依存局面。但发展问题依然是各国普遍关注的焦点问题，仍面临逆全球化思潮、贸易保护主义等各种严峻挑战，世界各国作为休戚与共的命运共同体，唯有团结协作、共谋发展，才能应对经济全球化的各种风险和挑战。在此背景下，构建人类命运共同体倡导开放包容，突出合作共赢主旋律，"推动经济全球化朝着更加开放、包容、普惠、平衡、共赢的方向发展"[①]。而"一带一路"倡议正是这一理念的切实行动，聚焦发展这个最大公约数，坚持共商共建共享，与沿线国家和地区结伴成行、相互借力，积极倡导组建丝路基金、亚投行等经济组织，建设多元融资体系和多层次资本市场，支持和带动了沿线国家经济社会发展，为经济全球化打开新路径、注入新能量，为世界经济稳定发展夯实基础。

4. "一带一路"文化理念与构建"开放包容"世界相呼应

在历史长河中，人类创造和发展了丰富多彩、各具特色的文明。每种文明都有其独特魅力和深厚底蕴，文明没有高低之别，更没有优劣之分，都是人类的精神瑰宝。不同文明凝聚着不同国家、不同民族的智慧和情感。"一花独放不是春，百花齐放春满园"，不同的文明应在平等交流中增进互信，在交流互鉴中兼收并蓄、共同发展。然而在全球化深入发展的今天，大国之间意识形态斗争依然激烈尖锐，西方"文明冲突论""文明优越论"等不和谐声音仍不绝于耳，影响着人类文明发展走向和世界和平与发展。新的历史条件下，人类命运共同体从人类发展的高度倡导一种更加开放包容的文明观。习近平

---

① 习近平：《习近平谈治国理政：第三卷》，外文出版社2020年版，第46页。

总书记在党的十九大报告中强调"尊重世界文明多样性，以文明交流超越文明隔阂、文明互鉴超越文明冲突、文明共存超越文明优越"①，通过一系列积极行动推动世界文明发展，为世界文明发展指明了方向。"一带一路"建设正秉持这一理念，传承和升华了古丝绸之路精神，以开放包容的心态面对世界。不同国家和地区只要认同丝路精神，均可参与共建。"一带一路"沿线各个国家和地区虽然资源禀赋不一，经济制度各异，历史文化各具特色，但在"一带一路"建设中跨越不同国度和肤色，跨越不同文明区域，推动沿线各国和地区实现互联互通，为文明之间的交流打下了良好的基础。

5."一带一路"绿色理念与构建"清洁美丽"的世界相呼应

生态环境是人类赖以生存和发展的基础，保护生态环境是人类实现可持续发展的前提。当前全球气候变暖、生物多样性剧减、土地荒漠化、水体污染等系列问题给人类生存和发展带来了严峻挑战和现实威胁。面对这些前所未有的困难和挑战，任何一个国家都无法独善其身，需要世界各国同舟共济、共同努力应对，才能推动世界经济绿色发展。在这样一个重要历史关头，中国站在全人类前途命运的高度积极倡导并践行人类命运共同体理念，秉持对世界人民和子孙后代的责任感，坚持人与自然和谐共生的理念，为加强全球环境治理提出了"中国方案"。习近平主席在不同场合阐述了绿色发展的理念，强调"坚持绿色低碳，建设一个清洁美丽的世界"②"人与自然是生命共同体"③"人与自然应和谐共生"④等理念。在人类命运共同体绿色发展理念的指引下，"一带一路"倡议顺应全球可持续发展的总体趋势，将绿色作为共同发展的底色，与沿线各国积极开展保护生态环境、保护生物多样性和应对气候变化的国际合作。"一带一路"倡议还将联合国2030年可持续发展目标融入其

---

① 习近平：《习近平谈治国理政：第三卷》，外文出版社2020年版，第46页。

② 杜尚泽、任彦、王远：《习近平出席"共商共筑人类命运共同体"高级别会议并发表主旨演讲》，《人民日报》2017年01月20日01版。

③ 习近平：《习近平谈治国理政：第三卷》，外文出版社2020年版，第39页。

④ 习近平：《共同构建地球生命共同体》，《人民日报》2021年10月13日第02版。

中，积极与沿线国家和地区一同打造"绿色丝绸之路"。

（二）国际友好城市交往是践行"三大全球倡议"的重要平台

构建人类命运共同体包括"三大全球倡议"，分别是全球安全倡议、全球发展倡议和全球文明倡议。这"三大全球倡议"是我国为全球治理提供的三大方案，国际友好城市正是践行"三大全球倡议"的最好平台。[①]

首先，从安全的角度看，国际友好城市是落实全球安全倡议的重要国际平台。国际友好城市是高效实施全球安全倡议的国际合作平台，通过城市间对话合作及机制建设，能够更好地落实全球安全倡议。在非传统安全和传统安全领域，加强国际友好城市的安全合作，能够实现深度交流经验，加强安全防护，深度绑定两个国际友好城市之间的密切合作，并形成带有辐射作用的安全合作网络，从而更好地实现全球安全倡议。尤其是边境之间的国际友好城市合作，更是能践行这一倡议。

其次，从发展的角度看，国际友好城市是落实全球发展倡议的最佳平台。在落实全球发展倡议方面，一是通过国际友好城市的密切合作，凝聚促进发展的国际共识。只有各个城市、各国人民都过上好日子，繁荣才能持久，安全才有保障，共同推动落实联合国2030年可持续发展议程，打造人人重视发展，各国共同谋求发展的政治共识。二是通过国际友好城市的合作共同营造有利于发展的国际环境。只有加强国际友好城市合作才能有助于解除保护主义的枷锁，有助于拆解"小圈子"和脱钩断链，通过国际友好城市的密切合作来齐心协力促发展，通过相互开放来建设开放型世界经济，构建更加公平合理的全球治理体系和制度环境。三是通过国际友好城市共同培育全球发展新动能，包括加强国际友好城市的经贸投资、科技数字经济、海洋合作以及将制度创新作为发展的第一动力，加强城市间的技术转移和知识分享，推动

① 刘英. 如何发挥国际友好城市在"一带一路"共建中的三大作用？[EB/OL].（2023-06-20）[2025-03-01]. http://rdcy.ruc.edu.cn/zw/jszy/ly/lygrzl/27addf474d83491083330758b9ebf1bd.htm.

城市现代化产业发展，推动实现更加强劲、绿色、健康的全球发展。四是通过国际友好城市合作来共同构建全球发展伙伴关系，发挥国际友好城市在国际合作中的重要平台作用，共建团结、平等、均衡、普惠的全球伙伴关系，不让任何一个国家、任何一个城市、任何一个人掉队，要支持联合国在全球发展合作中发挥统筹协调作用，鼓励工商界、社会团体、媒体智库参与全球发展合作。"心合意同，谋无不成"，在国际友好城市打造和强化知识经验交流分享的平台，建立全球发展知识网络，开展治国理政经验交流，促进互学互鉴。

最后，国际友好城市是推进落实全球文明倡议的最优平台。中国提出的全球文明倡议包括"四个共同倡导"的主要内容。从合作机制、合作内容和合作路径上看，国际友好城市是实施全球文明倡议的最有效路径，一是要共同倡导尊重世界文明多样性，坚持文明平等、互鉴、对话、包容，以文明交流超越文明隔阂，文明互鉴超越文明冲突，文明包容超越文明优越；二是要共同倡导弘扬全人类共同价值观，和平、发展、公平、正义、民主、自由是各国人民的共同追求，要以宽广的胸怀理解不同文明的价值内涵，不将自己的价值观和模式强加于人，不搞意识形态对抗；三是要共同倡导重视文明传承和创新，充分挖掘各国历史文化的时代价值，推动各国优秀传统文化在现代化进程中实现创造性转化、创新性发展；四是要共同倡导加强国际人文交流合作，探讨构建全球文明对话合作网络，丰富交流内容，拓宽合作渠道，促进各国人民相知相亲，共同推动人类文明发展进步。

第四章

广西国际友好城市的
发展和现状

一、广西国际友好城市的发展情况

（一）总体情况

截至 2024 年 10 月 31 日，广西已与世界 5 大洲的 40 个国家建立 132 对友好城市（见表 4-1），国际友好城市数量在全国排名第四，东盟国际友好城市的数量在全国排名第一。其中，亚洲 11 个国家 75 对（包括：日本 6 对，韩国 7 对，马尔代夫 1 对，东盟 8 个国家 61 对），美洲 5 个国家 13 对，欧洲 17 个国家 34 对，大洋洲 3 个国家 6 对，非洲 4 个国家 4 对。省级国际友好城市 25 对，设区市级国际友好城市 87 对，县（市、区）级国际友好城市 20 对。

表 4-1 广西壮族自治区建立国际友好城市关系统计表
（以国别分类统计，截至 2024 年 10 月 31 日）

洲别	国别	区（市）名称	结好时间
亚洲（11 个国家 75 对）	日本（6）	熊本县熊本市—桂林市	1979/10/1
		熊本县—广西壮族自治区	1982/5/20
		熊本县八代市—北海市	1996/3/5
		山梨县西桂町—桂林市灵川县	2006/8/30
		茨城县阿见町—柳州市	2021/6/1
		秋田县秋田市—南宁市	2021/11/22
	韩国（7）	济州特别自治道济州市—桂林市	1997/10/29
		京畿道果川市—南宁市	2005/4/18
		忠清北道永同郡—防城港市	2007/9/12
		忠清北道—广西壮族自治区	2007/11/12
		首尔市九老区—贵港市	2012/7/18
		全罗南道高兴郡—防城港东兴市	2012/12/13
		忠清北道堤川市—玉林市	2021/12/27

续表

洲别	国别	区（市）名称	结好时间
亚洲（11个国家75对）	泰国（10）	孔敬府孔敬市—南宁市	2002/8/25
		素叻他尼府—广西壮族自治区	2004/11/4
		庄他武里府—梧州市	2004/11/4
		宋卡府合艾市—北海市	2005/10/19
		罗勇府—柳州市	2005/10/19
		龙仔厝府—钦州市	2007/3/12
		北榄坡府—玉林市	2008/10/24
		莫拉限府—崇左市	2011/7/6
		罗勇府罗勇市—河池市	2013/3/30
		黎逸府黎逸市—防城港市	2018/12/20
	菲律宾（7）	马尼拉穆订鲁帕市—柳州市	2004/11/4
		邦板牙省圣费尔南多市—贺州市	2004/11/4
		北依罗戈省拉瓦格市—来宾市	2005/10/19
		达沃市—南宁市	2007/9/3
		巴拉望省普林塞萨港市—北海市	2007/4/26
		宿务省—广西壮族自治区	2010/6/1
		南三宝颜省三宝颜市—贵港市	2016/10/24
	越南（23）	永福省永安市—柳州市	2004/11/4
		海防市—南宁市	2006/3/23
		广宁省下龙市—防城港市	2008/4/1
		北宁省北宁市—来宾市	2010/9/10
		义安省—广西壮族自治区	2010/12/17
		太平省—贺州市	2011/8/1
		河江省苗皇县—百色市那坡县	2011/11/21
		海阳省金成县—百色市田阳区	2012/6/6
		谅山省谅山市—崇左市	2013/2/23
		高平省复和县—崇左市龙州县	2013/9/4
		谅山省高禄县—（崇左市）凭祥市	2013/11/9

续表

洲别	国别	区（市）名称	结好时间
亚洲（11个国家75对）	越南（23）	谅山省禄平县—崇左市宁明县	2013/11/9
		高平省下琅县—崇左市大新县	2013/12/30
		广宁省海河县—防城港市防城区	2015/2/12
		胡志明市—广西壮族自治区	2015/9/17
		广宁省芒街市—防城港东兴市	2015/10/20
		广宁省下龙市—桂林市	2018/2/24
		广南省—广西壮族自治区	2018/9/11
		高平省河广县—百色靖西市	2020/11/10
		高平省保乐县—百色那坡县	2022/2/22
		高平省重庆县—百色靖西市	2022/10/12
		北江省北江市—南宁市	2024/8/2
		北宁省北宁市—南宁市	2024/8/2
	柬埔寨（7）	波罗勉省—广西壮族自治区	2007/10/27
		西哈努克省西哈努克市—南宁市	2007/10/30
		贡布省—百色市	2008/10/22
		白马省—北海市	2010/8/14
		暹粒省—广西壮族自治区	2014/10/17
		腊达那基里省—崇左市	2016/10/22
		暹粒省吴哥通县—防城港东兴市	2016/11/30
	印度尼西亚（5）	西爪哇省万隆市—柳州市	2005/8/5
		爪哇省三宝垄市—北海市	2008/10/14
		邦加—勿里洞省槟港市—防城港市	2011/12/20
		邦加勿里洞省东勿里洞县—防城港东兴市	2014/5/22
		西爪哇省—广西壮族自治区	2017/5/5
	缅甸（2）	仰光市—南宁市	2009/10/21
		仰光省—广西壮族自治区	2014/3/24
	马来西亚（2）	霹雳州—广西壮族自治区	2011/4/5
		怡保市—南宁市	2023/6/9

续表

洲别	国别	区（市）名称	结好时间
亚洲（11个国家75对）	老挝（5）	占巴塞省—南宁市	2010/10/21
		琅勃拉邦省—广西壮族自治区	2014/5/14
		占巴塞省巴色市—崇左市龙州县	2014/12/17
		甘蒙省他曲市—崇左市	2015/9/18
		川圹省—梧州市	2015/11/3
	马尔代夫（1）	马累市—广西壮族自治区	2017/5/21
美洲（5个国家13对）	美国（7）	佛罗里达州奥兰多市—桂林市	1986/5/14
		俄克拉何马州塔尔萨市—北海市	1987/3/6
		俄亥俄州辛辛那提市—柳州市	1988/5/5
		犹他州普罗沃市—南宁市	2000/9/27
		蒙大拿州—广西壮族自治区	1999/10/26
		肯塔基州莫尔黑德市—桂林市阳朔县	2011/11/29
		艾奥瓦州锡达福尔斯市—来宾市	2012/6/4
	加拿大（2）	阿尔伯塔省勒杜克市—北海市	2006/11/24
		不列颠哥伦比亚省维多利亚市—南宁市	2010/7/9
	巴西（2）	北里约格朗德州—广西壮族自治区	1995/11/28
		圣保罗州费利斯港市—南宁市	2019/12/3
	乌拉圭（1）	派桑杜省派桑杜市—南宁市	2020/6/1
	墨西哥（1）	米却肯州莫雷利亚市—南宁市	2024/9/25
欧洲（17个国家34对）	英国（4）	威尔士新港市—梧州市	1987/7/7
		默西赛德郡诺斯利市—南宁市	2005/8/16
		默西赛德郡圣海伦斯市—钦州市	2012/11/20
		伍斯特郡伍斯特市—贺州市	2015/11/30
	意大利（2）	西西里大区—广西壮族自治区	1982/6/14
		克雷莫纳省克雷马市—南宁市	2017/9/19
	奥地利（2）	克恩滕州—广西壮族自治区	1987/2/10
		凯尔滕州克拉根福市—南宁市	2002/6/13

续表

洲别	国别	区（市）名称	结好时间
欧洲（17个国家34对）	俄罗斯（3）	沃罗涅日州—广西壮族自治区	1997/12/16
		莫斯科州茹科夫斯基市—防城港市	2021/5/26
		雅罗斯拉夫尔州雷宾斯克市—崇左市	2021/6/2
	法国（5）	普瓦图—夏朗特大区—广西壮族自治区	2002/11/23
		马恩河谷省—南宁市	2008/10/23
		上萨瓦省老阿讷西市—桂林市阳朔县	2013/2/1
		法属波利尼西亚背风群岛市镇共同体—北海市	2020/12/2
		普罗旺斯—阿尔卑斯—蓝色海岸大区迪朗斯—吕贝隆—韦尔东市镇联合体—南宁市	2024/9/11
	德国（1）	巴伐利亚州帕绍市—柳州市	2001/4/25
	瑞士（1）	提契诺州卢加诺市—北海市	2004/12/18
	西班牙（2）	阿拉贡自治区萨拉戈萨市—玉林市	2005/9/2
		穆尔西亚自治区穆尔西亚市—南宁市	2019/9/21
	波兰（4）	库亚维—波美拉尼亚省托伦市—桂林市	2010/8/29
		喀尔巴阡山省—广西壮族自治区	2015/6/18
		喀尔巴阡山省热舒夫市—防城港市	2017/7/13
		波德拉谢省比亚韦斯托克市—崇左市	2018/12/18
	匈牙利（2）	沃什州—广西壮族自治区	2011/1/14
		佐洛州黑维兹市—桂林市七星区	2015/10/30
	捷克（1）	利贝雷茨州亚布洛内茨市—北海市	2012/2/17
	土耳其（1）	安塔利亚省穆拉特帕夏市—桂林市	2013/10/23
	罗马尼亚（2）	登博维察省—广西壮族自治区	2016/2/24
		登博维察省特尔戈维什泰市—桂林市	2020/3/26
	瑞典（1）	本茨弗什市—梧州市	2016/10/27
	希腊（1）	克里特省—广西壮族自治区	2017/11/24

续表

洲别	国别	区（市）名称	结好时间
欧洲（17个国家34对）	乌克兰（1）	伊万诺弗兰科夫斯克市伊万诺省—弗兰科夫斯克市—南宁市	2019/5/3
	芬兰（1）	南卡累利阿区伊玛特拉市—北海市	2019/7/5
大洋洲3个国家6对）	澳大利亚（4）	昆士兰州黄金海岸市—北海市	1997/9/17
		昆士兰州班达伯格市—南宁市	1998/5/12
		温拿路市—（贵港）桂平市	2007/5/15
		新南威尔士州亚斯谷市—梧州市	2019/12/13
	新西兰（1）	北岛霍克湾区黑斯廷斯市—桂林市	1981/3/4
	斐济（1）	苏瓦市—北海市	1998/4/2
非洲（4个国家4对）	冈比亚（1）	班珠尔市—南宁市	1987/6/22
	乍得（1）	恩贾梅纳市—柳州市	1997/4/10
	赞比亚（1）	南方省—广西壮族自治区	2012/7/18
	马达加斯加（1）	塔那那利佛市—南宁市	2023/2/15

数据来源：广西外事办公室网站。

（二）发展阶段

从时间要素分析，根据广西国际友好城市历年新增结好数量（见图4-1）和广西对外开放的发展历史，可以将广西国际友好城市的发展分为三个阶段。

第一阶段是1979—2003年的起步阶段。随着我国改革开放的步伐，广西缔结了第一对国际友好城市并陆续得到发展。1979年5月，中国人大常委会副委员长廖承志率"中日友好之船"访问日本，宣布中国桂林市愿与日本熊本市结为国际友好城市，得到熊本市各界人士的积极响应。① 随后，广西在

① 广西壮族自治区地方志编纂委员会：《广西通志·外事志》，广西人民出版社1998年版，第242页。

25 年间共缔结了 24 对国际友好城市，年均结好约 1 对。结好方向以发达国家为主，共 18 对，占比 75%；与东盟国家国际友好城市结好仅 1 对，为南宁市与泰国孔敬市，占比约 4%。这一时期国际友好城市发展比较缓慢，有 11 个年份为 "0" 增长，在 1989—1994 年更是连续 6 年无新增国际友好城市。但这一阶段有多个国际友好城市与广西至今仍保持密切的交往，例如日本熊本市、美国辛辛那提市、澳大利亚班达伯格市、泰国孔敬市等。这一阶段积累的国际友好城市经验也为第二阶段的快速发展提供了经验、奠定了基础。

第二阶段是 2004—2015 年的快速发展阶段。时任中国国务院总理温家宝在第七次中国与东盟（10+1）领导人会议上倡议，从 2004 年起每年在中国南宁举办中国—东盟博览会，同期举办中国—东盟商务与投资峰会。这一倡议得到了东盟 10 国领导人的普遍欢迎。自南宁成为中国—东盟博览会的永久举办地后，广西依托这一重要国际交流平台，在 11 年间共结好国际友好城市 72 对，比第一阶段增长了 200%，年均结好约 6 对，国际友好城市结好数量总体呈递增趋势，并于 2015 年达到最高峰。其中与东盟国家结好 47 对，占比约 65%；与发达国家结好 24 对，占比约 33%。这一时期，广西国际友好城市工作重点突出，依托中国—东盟博览会平台，根据中央对广西的战略定位以及自身与东南亚海陆相邻的地理优势，从以结好发达国家国际友好城市为主转变为以发展东盟国家国际友好城市为主。

第三阶段是 2016 年至今，是推动 "一带一路" 倡议实施的高质量发展阶段。2016 年，广西人民政府发布《广西参与建设丝绸之路经济带和 21 世纪海上丝绸之路实施方案》，提出要密切人文交流，深化教育、医疗卫生、文化体育、科技、旅游、国际友好城市等领域合作，夯实民心基础。该方案成为指导今后一个时期广西参与建设 "一带一路"、加快全方位对外开放的行动纲领，明确了国际友好城市工作在广西参与 "一带一路" 建设中的定位和使命。在此之后，广西外事办提出实施《广西国际友好城市合作提质三年行动计划

（2019—2021）》①，表示以"一带一路"建设为契机，配合国家总体外交和对外工作部署，围绕自治区党委、政府中心工作，发挥广西的区位优势，贯彻国际友好城市工作向"高处、深处、实处、活处"做的思路，服务广西经济社会高质量发展，服务广西高水平开放，全面提升广西壮族自治区国际友好城市交流合作的层次和水平。然而，在 2020—2022 年，因疫情暴发，各国外事出访和团体交流受到影响，三年行动未能按计划实施，但仍然通过线上方式推动国际友好城市结好。这一时期新增国际友好城市结好数量 36 对，数量增长总体趋势减缓，年均结好 4 对。其中，东盟国家 10 对，占比约 28%，比第二阶段有所下降。总体来看，这一阶段各年份的新增国际友好城市结好数量比第二阶段有所下降，表明已从高速发展阶段进入更重视提质合作的高质量发展阶段。同时，广西在这一阶段显示出拓展更大范围的"一带一路"沿线国家国际友好城市的特点，例如欧洲的罗马尼亚、希腊、乌克兰，南美洲的乌拉圭，非洲的马达加斯加等都是首次结好的国家。

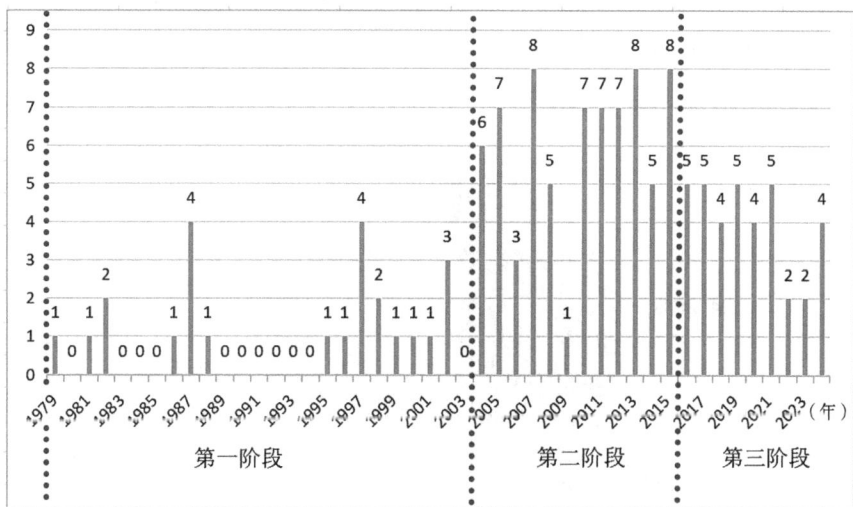

图 4-1 广西国际友城市历年新增结好数量（单位：个）

数据来源：根据广西外事办公室网站数据整理。

---

① 实施国际友城合作提质三年行动计划在线访谈[EB/OL].(2019-10-26)[2025-03-01].http://wsb.gxzf.gov.cn/hdjl_48213/zxft_48216/t1710131.shtml.

（三）空间分布情况

基于空间要素，分析目前广西国际友好城市在世界的分布情况、发展倾向和各地发展特征。

从各大洲的构成来看（见图4-2），按数量排名依次为：亚洲、欧洲、美洲、大洋洲和非洲。亚洲国际友好城市占比超50%，其中东盟国际友好城市61对，占亚洲国际友好城市约81%。首先，这与广西面向东盟开放的战略定位有关，东盟是广西国际友好城市的重点发展方向。其次，欧美等发达国家发展国际友好城市较早，广西国际友好城市工作开展初期主要是欧美国家主动与广西城市结好，且欧美国家经济、技术较为发达，广西主要与发达国家国际友好城市在教育培训、经济发展、技术创新和城市治理等方面进行交流合作和学习经验。再次，与大洋洲国家结好较多的主要是广西沿海城市，一般双方皆为旅游城市，可以交流旅游业发展经验，加强旅游资源共享。最后，非洲国家虽与中国也较为友好，但由于地理距离遥远、交通不便，国际友好城市交往存在一定障碍，不利于两地开展密切交往和联络，因此广西与非洲国家的国际友好城市结好数量较少。

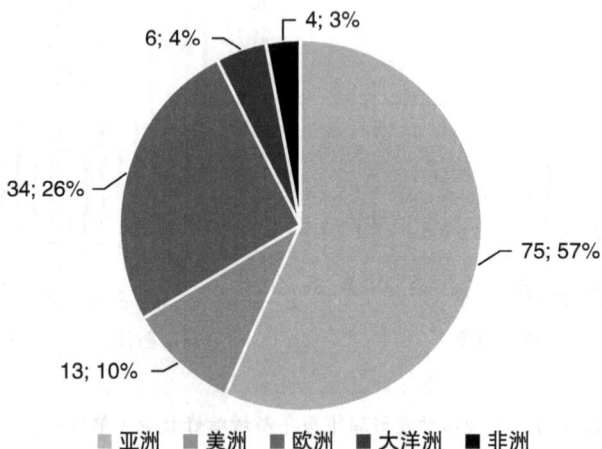

图4-2　广西国际友好城市在各大洲的数量和比重分布（单位：个）

数据来源：根据广西外事办公室网站数据整理。

从国际友好城市所在国家来看（见图4-3），首先，广西与越南结好的国际友好城市最多，共有23对，远远高于数量排名第二的泰国（10对国际友好城市），一方面是由于广西和越南边境线相连、边境人民往来密切、边贸活动活跃，另一方面是为了避免边境产生摩擦冲突，加强边境城市间在经贸合作区、基础设施建设、共同打击犯罪等方面的合作，两国地方政府都鼓励通过国际友好城市交往维护边境城市的友好关系，促进民间友好，从而为其他领域的合作打下坚实基础。其次，排名前十的国家里有八个为亚洲国家，说明广西缔结国际友好城市更倾向距离较近的国家，以便开展密切交流。最后，由于国际友好城市是城市对外交往的最主要形式，可以看出广西地方政府与以下发达国家交往最为密切，分别是：韩国、美国、日本和法国。在一个国家拥有多个国际友好城市，有利于实现空间溢出效应，即目标国国际友好城市通过人员流动、经贸分工等联系对周边城市起到辐射和带动作用，日积月累逐步形成网络，从而扩大广西在该国的知名度，为今后逐步突破贸易壁垒、开展以点带面的民间经济合作奠定基础。

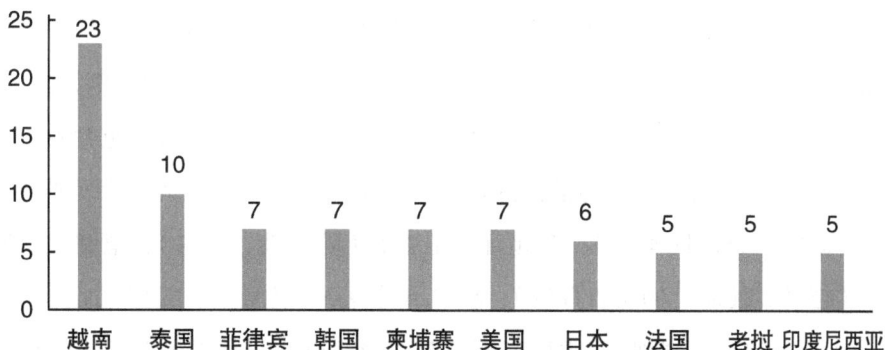

图4-3 与广西国际友好城市结好数量排名前十的国家（单位：个）

数据来源：根据广西外事办公室网站数据整理。

从广西各地国际友好城市来看（见图4-4和表4-2），国际友好城市数量排名前三的是南宁、自治区本级和北海，排名后三位的是河池、钦州、贵港、来宾、玉林、贺州（贵港、来宾、玉林、贺州排名并列）。按国际友好城市建立时间排名前三的是桂林、自治区本级、北海，排名后三位的是河池、百色、崇左。从建立第一对国际友好城市以来，增长速度排名前三的是崇左、南宁和防城港，增长速度排名后三位的是河池、钦州、梧州。以结好时间先后排序，从图4-4可以看到增长折线总体呈现"两头高中间低"的明显特点，表明国际友好城市建立时间较早和较晚的城市，其增长速度最快，尤其是建立时间较晚的城市，增长速度甚至要快于建立时间较早的城市，有"奋起直追"的趋势，例如防城港和崇左分别作为结好时间排名第十二位和第十四位的城市，奋起直追到了数量排名并列第五位的城市（见表4-2），说明发展动力强劲。而图4-4中处于横轴中间的城市，例如贺州、玉林、来宾、钦州、贵港，其建立国际友好城市的时间排名均处于中间，但国际友好城市数量、增长速度均处于较低水平，说明国际友好城市发展动力不足。由图4-4还可看出，有的城市结好国际友好城市时间早，但发展缓慢，例如梧州；有的城市结好国际友好城市较晚，发展也非常缓慢，如河池。这两种城市都呈现动力不足的趋势。有些城市属于稳健发展型，如桂林、北海、柳州，发展国际友好城市较为扎实，成绩显著、亮点突出。有些发展国际友好城市较早、国际友好城市基数大，但增速仍然很快，展现出持续强劲的发展势头，例如南宁、自治区本级。根据以上关于结好时间、国际友好城市数量和增长速度的指标作综合分析，可将广西各地的国际友好城市工作分为四种类型：持续强劲型2个（南宁、自治区本级）、奋起直追型2个（防城港、崇左）、稳健发展型4个（桂林、北海、柳州、百色）、动力不足型7个（贺州、玉林、来宾、钦州、贵港、梧州、河池），为后文有针对性地分析原因和提出对策建议奠定基础。同时，从表4-2中可以看出，拥有县级国际友好城市的城市有桂林、防城港、崇左、百色和贵港，县级国际友好城市在本市国际友好城市中占比分别为33.33%、45.45%、45.45%、83.33%和33.33%。百色的县级国际友好城市占比最为突出，表明县级参与国际友好城市建设较为积极，百色市政府对于国际友好城市的发展规划也主要是面向边境县国际友好城市。我们还可以注意到，与百色一样，贵港的第一对国际友好城市也是县级国际友好城市，这与县级市桂平市人口众多且拥有较多的华侨资源有关。仅就广西 14 个设区市来看，从图 4-5 可以看出，国际友好城市数量较多的区域主要集中分布在桂西南和桂东北，北部、中部、南部和东南部的国际友好城市数量较少，总体呈现"东西多中部少"的特点，且南宁在其中异军突起、一枝独秀。结合各地的增长速度来看，数量多的区域也普遍保持较快增长，城市之间差距越拉越大，各市国际友好城市发展不平衡的趋势越发明显。此外，从全广西（包含自治区本级和 14 个设区市）的角度来看（见图 4-6），全区 132 对国际友好城市中，南宁和自治区本级的国际友好城市数量总和接近广西国际友好城市数量的 40%，由此可见广西国际友好城市发展不平衡的情况较为突出。

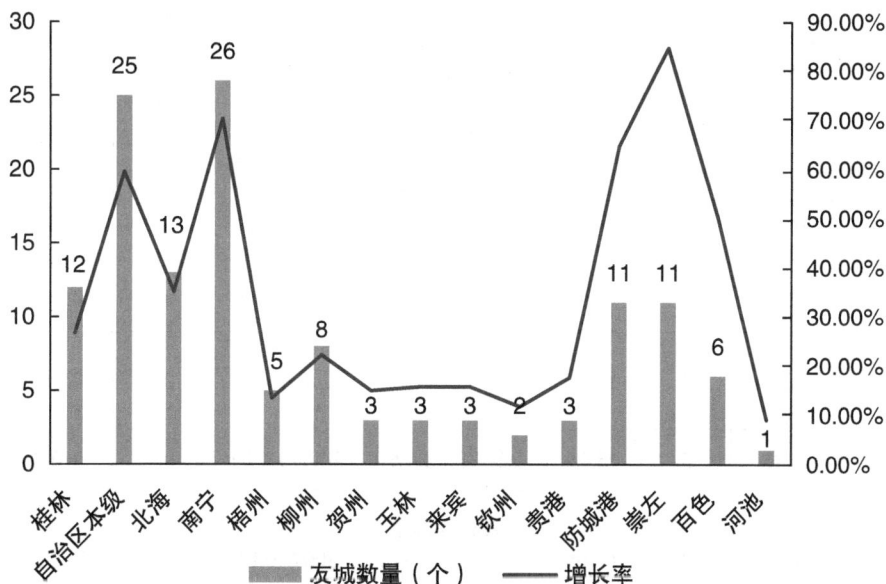

图 4-4　自治区本级和 14 个设区市的国际友好城市数量及增长率

注：1.横坐标轴根据各地第一对国际友好城市结好的时间顺序排列，桂林最早与国际友好城市结好，河池最晚。

2.某城市的国际友好城市增长率 =2024 年该城市国际友好城市数量（个）/（2024 年 –该城市结好第一个国际友好城市的年份）。

数据来源：根据广西外事办公室网站数据整理。

表 4-2　自治区本级和 14 个设区市的国际友好城市结好情况统计表

序号	区（市）	国际友好城市数量（个）	增长率（%）	第一个国际友好城市	结好时间	含区县级国际友好城市数量（个）	县级国际友好城市占比
1	南宁	26	70.27	冈比亚班珠尔市	1987/6/22	0	0.00%
2	自治区本级	25	59.52	日本熊本县	1982/5/20	—	—
3	北海	13	35.14	美国塔尔萨市	1987/3/6	0	0.00%
4	桂林	12	26.67	日本熊本市	1979/10/1	4	33.33%
5	防城港	11	64.71	韩国永同郡	2007/9/12	5	45.45%
6	崇左	11	84.62	泰国莫拉限府	2011/7/6	5	45.45%
7	柳州	8	22.22	美国辛辛那提市	1988/5/5	0	0.00%
8	百色	6	37.50	越南苗皇县（与那坡县结好）	2011/11/21	5	83.33%
9	梧州	5	13.51	英国新港市	1987/7/7	0	0.00%
10	贺州	3	15.00	菲律宾圣费尔南多市	2004/11/4	0	0.00%
11	玉林	3	15.79	西班牙萨拉戈萨市	2005/9/2	0	0.00%
12	来宾	3	15.79	菲律宾拉瓦格市	2005/10/19	0	0.00%
13	贵港	3	17.65	澳大利亚温拿路市（与桂平市结好）	2007/5/15	1	33.33%
14	钦州	2	11.76	泰国龙仔厝府	2007/3/12	0	0.00%
15	河池	1	9.09	泰国罗勇市	2013/3/30	0	0.00%

数据来源：根据广西外事办公室网站数据整理。

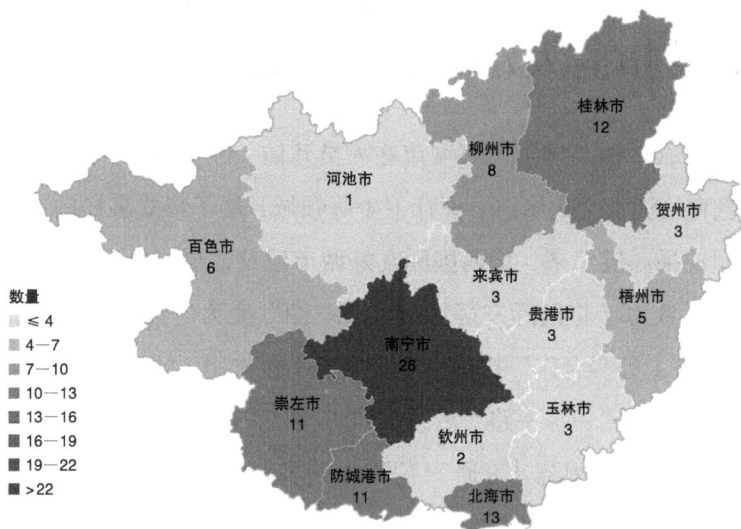

图 4-5　广西各地国际友好城市数量分布图（单位：个）

数据来源：根据广西外事办公室网站数据整理。

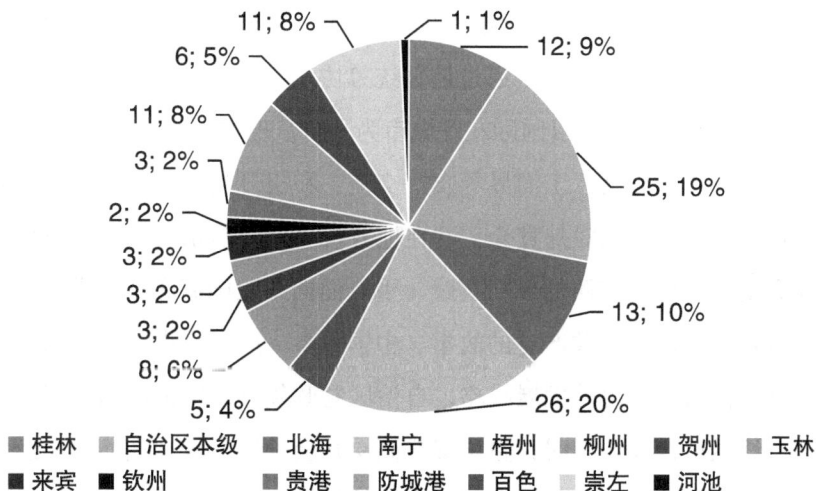

图 4-6　广西各地国际友好城市数量和占比情况（单位：个）

数据来源：根据广西外事办公室网站数据整理。

二、广西国际友好城市交流的成效

40多年来，广西与国际友好城市在人员互访、经贸投资、工业制造、农业生产、教育培训、文化旅游、医疗卫生等领域开展了形式多样的交流合作，取得了丰硕成果。近年来，广西国际友好城市建设汇聚起全区和各国际友好城市的力量，致力于将国际友好城市"朋友圈"变为"合作圈"，通过搭建"国际友好城市＋务实合作"机制，逐步凸显平台作用、深化务实合作、激发经贸合作活力。与"一带一路"沿线支点城市的交往也越发紧密，逐步拓展"一带一路"朋友圈，围绕"五通"不断加强交流合作。

（一）发挥区位优势服务国家总体外交

广西发挥面向东盟开放合作的前沿和窗口优势，加快形成"一带一路"有机衔接的重要门户，以国际友好城市为平台，积极为国家总体外交和周边外交服务。一是发挥地方外事渠道和资源作用，从地方层面推动构建更为紧密的中国—东盟命运共同体。通过加强统筹协调，积极培育公共外交、民间外交的渠道和资源优势，以国际友好城市为平台从地方层面推动"一带一路"沿线国家青少年、妇女、工商界等友好交流，积极开展"小而美"的民生项目。二是开展重大主题对外宣介，站在地方视角对外展示习近平新时代中国特色社会主义思想在广西的成功实践，重点面向东盟国家和"一带一路"沿线国家讲好新时代中国共产党的故事、中国故事、广西故事。三是高层互访增进友谊。根据广西对外发展战略，自治区党政领导每年都出访东盟等国家的国际友好城市，在访问时，除了安排高层拜会，还安排文艺演出、经贸洽谈、商品展销、电视展播、教育和图书展等活动，加强了与到访国民间的交流互动，进一步提升了广西的影响力。此外，在出访老挝、缅甸、柬埔寨、越南等国国际友好城市时，根据实际需要，适时、适量地为其提供广西自产的诸如农机、车辆、电子类产品，或提供一定数额的奖学金作为援助，在缅甸、泰国、柬埔寨等国国际友好城市发生洪涝灾害时，通过赠送救灾物资或捐赠救灾款等举措，拉近了与对方的关系，与到访国国际友好城市的各层级领导人之间建立了良好的工作关系和个人友谊，着力培养了一些关键时候能说得上话、帮得上忙、办得成事的全天候的朋友。

（二）开展人文交流促进民心相通

广西国际友好城市工作通过在人文交流中讲好中国故事、广西故事，增进了国际社会对中国、对广西更多的理解和支持，为奠定坚实的民意基础、促进民心相通作出贡献。

一是教育培训合作亮点突出。教育培训合作是广西国际友好城市工作的亮点，覆盖了不同行业和不同层次群体的合作交流。一方面，利用广西职业教育的优势发展"国际友好城市＋职业教育"，通过成立"广西国际友好城市职业教育联盟"，将国际友好城市教育领域交流从传统的双边合作拓展为多边合作机制。联盟从 2022 年成立起就不断吸纳新成员，已吸引了来自越南、俄罗斯、希腊、澳大利亚、冈比亚等 10 多个国家近 20 个国际友好城市的 40 多所院校，以及区内 9 个城市 22 所职业院校加入。通过职业教育人才培养、联合办学、创新创业等交流合作，推动国际友好城市共同进步。另一方面，通过"走出去"和"引进来"，与国际友好城市互派各行业人员开展技术学习交流，涵盖医药技术、农业养殖、汽车铸造等数十个领域，涉及政府部门、企事业单位、高校、医疗机构等，面向公务人员、工厂技术人员、留学生等群体，服务了广西经济社会发展，培养了一批知桂友桂和推动共建"一带一路"的友好使者。如熊本县和广西多年来互派技术人员进修学习；桂林市每年接收韩国济州市政府行政交流员前来学习；南宁市与韩国果川市公务员交流项目已实施逾 10 年，已被纳入中韩两国外交部地方政府公务员交流计划；南宁市举办针对越南海防市的"高级别公务员实训班"，通过进一步加强人才要素保障，共同推动国际友好城市干部队伍业务素质和服务水平的提升；崇左市通过设立奖学金吸引了老挝甘蒙省他曲市的学生前来留学，部分留学生毕业后就职于中老铁路老挝段铁路工作岗位，为服务中老铁路作出了积极贡献。

二是青少年友好交流持续深入。青少年是两国交往的未来，国际友好城市之间普遍十分重视青少年的交流。广西与国际友好城市青少年交流多年持续不断，涵盖书画、摄影、音乐、夏令营等多个主题。在青少年互访交流团方面，广西已与多个国际友好城市形成机制化的品牌项目。例如，自1979年桂林市与熊本市缔结国际友好城市关系以来，两市至2024年7月已互派青少年代表团互访37批800余人次，不仅增进了年青一代的相互理解和相互尊重，也为两市的友好交流事业培养了一批接班人。在青少年文化交流方面，为发挥毗邻东盟的优势，由贵州省人民对外友好协会、中国—东盟教育交流周组委会秘书处主办，广西壮族自治区人民对外友好协会联合主办的中国—东盟青少年绘画展自2021年开始至2024年已连续举办四届，吸引了7万多名中国和东盟国家青少年的踊跃参与，获奖作品在广西、贵州及东盟相关国家展出。该活动成了广西国际友好城市交流的品牌项目，为青少年搭建了多元文化互鉴、友好交流合作的桥梁，促进中国和东盟国家民心相通。

三是文艺展演交流丰富多元。广西依托多民族的文化特色和青山绿水的优势，开展了形式多样的文艺展演。通过文艺展演交流形成了机制化的文化品牌，覆盖多个国家国际友好城市，影响范围不断扩大，展现了中华传统文化的魅力，向外传播了立体多元的广西形象。文艺演出方面，南宁市导演的《春天的旋律》跨国春节晚会从2007年至2024年已成功举办17届，登上亚洲、大洋洲、北美洲多国荧屏，马来西亚、菲律宾、泰国、印度尼西亚、缅甸及中国香港、澳门地区等15个国家和地区的媒体、机构参与制作播出，覆盖落地国家和地区超过150个，覆盖含国际友好城市在内的境外观众1亿人以上，已成为一个对外文化交流品牌，影响范围不断扩大。文化展馆交流方面，全国首个跨行政区域的图书馆联盟共同体——北部湾图书馆联盟于2019

年成立，覆盖北海、南宁、玉林、防城港、钦州、崇左 6 市。联盟积极开展国际文化交流，北海市图书馆分别与国际友好城市的图书馆——韩国群山市图书馆、美国塔尔萨市中心图书馆、印度尼西亚三宝垄市图书馆签署合作意向书，结为友好图书馆，在中外两地开展国际友好城市摄影展等活动，开创了广西公共图书馆文化交流的新里程。传统文化交流方面，南宁青秀国际传统舞龙邀请赛是"壮族三月三"期间文化交流展示的重头戏。从 2017 年至 2024 年已举办六届，已有马来西亚、泰国、越南、澳大利亚等国家的友好城市舞龙队参赛，并展现出极高的竞技水平，国际友好城市元素的深度融合已成为南宁文化旅游国际化的一大亮点。文化节庆方面，桂林国际山水文化旅游节自 1992 年以来已举办十三届，每一届都有来自日本熊本市、新西兰黑斯廷斯市、波兰托伦市等国际友好城市的演出团表演歌舞为活动增色助兴，为桂林与国际友好城市文化交流交往提供了平台。

（三）加强经贸合作推动高水平对外开放

国际友好城市间长期交流夯实的友好基础，推动了经贸、园区、技术等方面的务实合作，为国际友好城市经济发展和人民生活水平提高带来实实在在的利益。

一是创设"广西国际友好城市进东博"活动。通过机制化开展"广西国际友好城市进东博"活动，充分发挥国际友好城市资源优势，推进"外事、外贸、外资"统筹发展，更好服务国家总体外交、周边外交和地方开放合作。自 2004 年首届中国—东盟博览会开始，广西每年都邀请国际友好城市参会，促进国际友好城市与东盟国家的经贸往来和投资合作。20 年来，包括日本熊本县、韩国忠清北道、匈牙利沃什州等在内的多个国际友好城市政府和企业代表团参加，推动了国际友好城市所在国与东盟国家的交流合作。2022 年中国—东盟博览会首次专设"广西国际友好城市进东博"展区，至 2024 年已举办三届，以自治区主展区、南宁市国际友好城市展区和重点国际友好城市独

立展区相结合的方式，集中展示了 20 多个国家近 40 个国际友好城市的城市
形象、优势产业、特色商品、自然风光、民俗文化等，形成了规模效应，加
强了国际友好城市多边互动，得到各方普遍欢迎。

二是服务我区企业"走出去"。多年来，广西借助国际友好城市渠道主动
为企业"走出去"牵线搭桥、做好服务，取得良好成效。比如，柳工波兰公
司设在国际友好城市波兰喀尔巴阡山省，广西农垦集团承建的中国·印度尼
西亚经贸合作区、上汽通用五菱印度尼西亚汽车制造基地选址在国际友好城
市印度尼西亚西爪哇省。通过良好的国际友好城市关系，帮助广西企业与当
地政府部门建立顺畅高效的沟通交流渠道，为企业在当地经营发展做好服务
保障。中国·印度尼西亚经贸合作区已成为广西在印度尼西亚经营时间最长、
持续效益最好的产业园区，上汽通用五菱印度尼西亚汽车制造基地项目也受
到印度尼西亚领导人高度重视和当地社会普遍关注。

三是帮助国际友好城市发展经济。广西发挥自身的农业技术、职业教育
等优势，通过给国际友好城市带来先进技术和设施、培养当地技术骨干等方
式，为当地经济社会发展提供切实有力的支持。例如，广西职业技术学院
与广西国际友好城市老挝占巴塞省的农林厅合作，于 2004 年在巴松市建立
"中—老农业合作试验基地"，该基地也于 2013 年挂牌成为"中国—老挝合
作农作物优良品种试验站巴松分站"。该基地为占巴塞省高校的毕业生提供实
习机会、为农民传授蔬菜大棚技术，选派优秀技术人员和农户到广西学习农
业技术。这些学员完成学业回到当地，有的成为农业产业开发的主要技术骨
干，有的实现增产增收、发家致富。

（四）拓展各领域交流实现互利共赢

随着交流的深入，国际友好城市之间不断寻找相似性和互补性，并通过
拓展各领域合作，实现互帮互助、互利共赢。

一是城市管理和建设合作成效显著。城市管理的经验分享与合作共建是

国际友好城市合作的重要内容，广西与国际友好城市在城市智慧管理、应急管理、园林设计、艺术空间设计等方面开展了务实合作。在城市管理方面，2020年8月，南宁市与泰国孔敬市等签订《智慧城市伙伴关系合作备忘录》，南宁市加强与东盟国家国际友好城市在北斗卫星导航系统及相关产业上的合作，加快建设面向东盟的北斗时空信息枢纽。2023年6月，中国（广西）——柬埔寨友好城市应急管理"手拉手"活动在南宁、北海两地举行。柬埔寨西哈努克省与中国南宁市、柬埔寨白马省和中国北海市互为友好城市。国际友好城市间结对子相互学习借鉴韧性城市建设经验，共同提升韧性城市建设水平。这一举措深化了国际友好城市间的务实合作，促进双方城市管理的发展，推动了"一带一路"倡议的落实落地，为携手构建高质量、高水平、高标准的新时代中柬命运共同体贡献力量。在城市建设方面，南宁市与意大利克雷马市自2017年正式结为友好城市以来，持续开展多领域的交流合作，两市在园林设计等方面谱写了中意两国城市交往的佳话，克雷马设计师所设计的"意大利园"已成为南宁园博园当中最富有诗意的园林之一。两市还共同设计建造了以"旅行"为主题的南宁地铁站下沉广场——国际友好城市地铁广场。该广场由克雷马市进行整体装潢设计，南宁市进行施工建设，项目开创了南宁地铁建设新模式，是国内首个由国际友好城市设计的地铁站点空间，也是南宁市与国际友好城市开展产业合作、推动中外文化交融互鉴的成功实践。

二是边境友好交往促进和平与发展。广西发挥地理位置优势，积极推动边境城市之间的友好交往，为中越关系团结友好贡献力量，缔结了东兴市—广宁省芒街市、百色市那坡县—河江省苗皇县、崇左市凭祥市—谅山省高禄县等多对边境国际友好城市，广西的一些边境村屯、旅游景区也与越南建立了友好村屯、友好景区关系，并结合边境特色开展务实合作。以防城港东兴市与广宁省芒街市为例，自2015年建立友好城市以来，开展了多个领域的合作。跨境旅游方面，以东兴—芒街两地跨境旅游为特色，分别在两国开展推介活动，取得良好成效。东兴市旅游协会、上海市旅游行业协会会奖商旅分会、越南芒街 5328 旅游俱乐部三方在上海对外经贸大学签署了战略合作框架协议。中越双方跨境旅游企业在芒街市举办的中国东兴—越南芒街国际口岸跨境旅游推介论坛上签署了中国东兴—越南芒街发展边境旅游合作协议。经贸方面，双方不断加强电商合作。近年来，在越南的城市地区，消费者越来越倾向于在跨境电商平台上购买中国商品。广西防城港东兴市与越南芒街市仅一河之隔，连接两地的东兴口岸、东兴边民互市贸易区等，使双方人员经贸往来日益密切，便捷的交通与物流，让东兴的跨境电商发展步入快车道。人文交流方面，东兴、芒街两地的足球交流源远流长，元宵节足球友谊赛已成功举办 20 多届，在两市边民中有着广泛而深厚的群众基础，成为两地体育文化交流的重要品牌活动。展会活动方面，2023 越中（芒街—东兴）国际商贸·旅游博览会在越南芒街市举行，展会共安排 300 个越南企业展位，100 个中国企业展位。博览会期间还举行了经济社会发展成果展、东兴—芒街口岸跨境旅游活动促进论坛、中国东兴—越南芒街口岸农林水产品出口项目对接论坛、中国东兴—越南芒街青年文化交流界河对歌、国际高尔夫球公开赛、芒街市陈富坊步行街文艺晚会、中越国际友好交流竞跑等系列活动，为拓展各领域的交流合作提供了平台。

三是国际友好城市在患难时携手共渡难关。患难时国际友好城市之间的互援互助、表达关怀，让国际友好城市民众的心贴得更近。例如广西与熊本县、派桑杜省、忠清北道等城市之间的感人情谊。2016 年熊本地震发生后，广西民众和政府非常关注熊本县的灾情，为支援灾区重建，广西政府通过总领馆向国际友好城市熊本县捐款 200 万元人民币。2017 年，日本熊本县知事率团到访南宁，感谢广西在熊本县遭遇自然灾害时给予的慰问和支持，对广西经济社会发展取得的成就表示祝贺，并表达了对两县区深化友好合作关系的期望。疫情期间，国际友好城市互相慰问和赠送物资也让人感动。2020 年 3 月，在广西工信厅举行的防疫物资捐赠仪式上，日本熊本县和乌拉圭派桑杜省向广西疫情防控指挥部转交一万双医用手套和两万只口罩，带来了国际友好城市对广西的关爱与问候。日本熊本县与广西共结友好 40 年以来，在一方遭受重大自然灾害之际，另一方都会及时给予慰问并提供力所能及的帮助。新冠疫情期间，广西与熊本县相互慰问、相互鼓励，守望相助、合作抗疫，生动践行了人类命运共同体理念。两区县积极利用"云会议""云交流"等模式创新开展交流合作，做到了特殊时期交往不降温、互动不断线。乌拉圭派桑杜省与广西在 2018 年才签署国际友好城市结好意向书，知道广西发生新冠疫情后也马上捐赠了医用口罩。这一份份心手相连、雪中送炭的珍贵情谊，也是人类命运共同体理念的生动体现和最好诠释。新冠疫情发生以来，广西与韩国忠清北道双方相互表达慰问，守望相助、共克时艰，忠清北道向广西捐款约 11.41 万元，广西也向忠清北道捐赠了一批抗疫医疗物资，体现了友好区道间的深厚情谊。患难时期的互助合作加深了国际友好城市民间的友好情谊，体现了常年结好后形成的坚固的患难与共的情谊。

三、广西国际友好城市工作的经验和特点

广西背靠大西南，毗邻粤港澳，通衢东南亚，是海上丝绸之路的重要枢纽。依托独特的区位优势，广西积极深耕国际友好城市建设，不断将区位优势转化为开放发展的优势，经过多年的耕耘，形成了丰富的国际友好城市建设经验和鲜明的特点。

（一）工作亮点凸显，不断形成品牌机制和"大友城"格局

一是工作成效位于全国前列。作为全国建立国际友好城市最早的省份之一，广西国际友好城市数量长期在全国排名第四，合作成果不断涌现，国际友好城市工作硕果累累。2012 年广西国际友好城市大会在南宁成功举办，来自世界 5 大洲 14 个国家的 25 个国际友好城市的代表们莅临盛会，国务委员发来贺信，中国对外人民友好协会会长莅临大会并在开幕式上致辞表示，广

西友协以国际友好城市活动为载体，立足实际、突出特色、注重实效，积极开展高层互访、经贸合作、文化交流、青少年交往，努力扩大对外交流渠道、构建开放合作平台，为广西深化改革开放发挥了积极作用。2013年至2017年，南宁市连续3次在中国国际友好城市大会上获中国人民对外友好协会、中国国际友好城市联合会颁发的"国际友好城市交流合作奖"。南宁市国际友好城市澳大利亚班达伯格市、意大利克雷马市也分别获得"对华友好城市交流合作奖"。2016年，广西获得全国友协颁发的"国际友好城市特别贡献奖"，获奖理由为务实合作、共谋发展。获奖介绍中提到，根据广西在国家"一带一路"中的战略定位要求，广西友协在外交战略方面实行了纵深发展，并充分利用中国—东盟博览会等平台，在服务地方经济建设、推进全面改革开放、促进国际交流等方面取得了显著的成果。2024年，在中国国际友好城市大会上，广西荣获"国际友好城市杰出贡献奖"，广西的国际友好城市印度尼西亚西爪哇省、东兴市的国际友好城市越南芒街市荣获"对华友好城市优秀伙伴奖"。

二是打造地方特色品牌。广西充分利用优势资源，通过搭建"国际友好城市+"合作机制打造具有地方特色的国际友好城市品牌。目前已在经贸、人文、城市管理三个领域成功搭建起"国际友好城市+职业教育""国际友好城市+经贸""国际友好城市+应急合作"三大平台。其一，"国际友好城市+职业教育"。为充分利用国际友好城市资源，服务广西职业教育"走出去"，促进广西和国际友好城市在职业教育人才培养、联合办学、学术交流、创新创业等方面的交流与务实合作，在广西壮族自治区外事办公室、自治区教育厅的指导和支持下，广西人民对外友好协会、南宁职业技术学院、广西建设职业技术学院于2022年共同发起并成立广西国际友好城市职业教育联盟，该联盟也是广西以国际友好城市为平台搭建的首个"国际友好城市+"合作机制。联盟将逐步推进各方在专业建设、课程资源、人才培养、师资建设等方面的互补性合作，提升人才培养质量；推进产教融合、校企合作，鼓励企业参与课程设计、教学科研，为联盟成员学生提供跨国实习和就业机会；搭建校长对话会、师生交流活动、专题交流研讨会、留学计划、技术技能竞赛、联合研究等交流平台，促进联盟成员间的交流合作和共同发展。其二，"国际友好城市＋经贸"。依托中国—东盟博览会永久举办地的优势，在会期积极举办"国际友好城市＋经贸"活动，通过搭建经贸交流平台，为国际友好城市提供向外宣传推介的机会，展示各自的优势和特色，分享发展经验，促进国际友好城市间在经贸领域相互了解、互通有无、加强合作。除了举办"广西国际友好城市进东博"展会，2024年还举办了广西国际友好城市推介交流会、南宁—河内经济走廊暨"一带一路"友好城市交流大会、企业对接洽谈会及实地考察活动。20多年来，中国—东盟博览会持续为广西与国际友好城市合作提供了机遇，国际友好城市以访问、参展、参会、推介等多种形式参加，开展经贸洽谈和友好交流，共享中国—东盟合作商机，国际友好城市的形象、商品、文化已成为博览会上的一道亮丽风景。其三，"国际友好城市＋应急合作"。为共同建设好、利用好、发展好"一带一路"自然灾害防治和应急管理国际合作机制，我国推出应急技能提升、救援实战、科普宣传、交流互鉴等四大类14项合作举措。中国—东盟友好城市应急管理"手拉手"活动是这14项合作举措首个在境外落地实施的项目。[1]依托国家平台优势，广西积极推动与柬埔寨、老挝等东盟国家国际友好城市的应急合作，共同应对自然灾害风险。2023年举办了中国（广西）—柬埔寨友好城市应急管理"手拉手"活动，柬埔寨西哈努克省与中国南宁市、柬埔寨白马省与中国北海市两对国际友好城市间结对子相互学习借鉴韧性城市建设经验。2024年举办了中国—东盟友好城市应急管理培训交流活动，邀请了柬埔寨暹粒省、马来西亚霹雳州、泰国莫拉限府代表团与广西应急管理、气象、消防救援、外事等部门共同进行经验交流。今后广西还将不断深化中国—东盟应急管理合作机制，开

---

[1] 何刚成：《共建"一带一路"：我国应急管理国际合作实践及启示——以中国—东盟友好城市应急管理"手拉手"活动为例》，《中国减灾》2024年第17期。

展更多应急管理合作，例如在 5 年内开展 10 对中国—东盟友好城市应急管理"手拉手"活动。未来，广西将用好国际友好城市交流平台，持续深化和拓展合作领域，鼓励更多国际友好城市加入现有的三大机制平台，探讨搭建更多"国际友好城市＋"合作机制，拓展生态环保、产业科技、港口物流、医疗健康等多领域合作，通过务实合作为两地经济社会发展作贡献。

三是形成常态化机制。经过长期的发展，广西在国际友好城市交往中总结了一系列经验，形成了多项常态化的交流机制。在深耕国际友好城市交往方面，广西与熊本县结好 40 多年以来，双方人文交流密切，形成了一批具有广西特色和社会影响力的人文交流品牌，如海外技术研修员、经济交流员、国际交流员、市民"友好之翼"代表团、青少年互访等。其中，自 1999 年桂林理工大学与熊本大学签订交流合作协议以来，24 年中，双方相互尊重、互学互鉴、求同存异，在学科发展、人才队伍建设、文化交流互通等方面开展机制化合作，取得了实实在在的成效，两校师生深入交流、精耕细作、厚植友谊，以互利共赢夯实合作基础，为中日友好关系行稳致远不断注入活力。熊本县在南宁设立了熊本县驻广西办事处，并派员常驻南宁，是自治区级国际友好城市中唯一一家办事处。同时，还设立熊本广场，展示富有日本特色的小商品和土特产。在人文交流方面，为弘扬中华文化，服务"一带一路"建设，做好"民心相通"工作，发挥南宁市在国际友好城市经济社会方面的影响力，班达伯格市每年都在中国农历春节期间举办中国春节庆祝活动，南宁市从 2009 年开始每年都应邀派出文艺演出队伍参加。南宁市博物馆在泰国孔敬市、澳大利亚班达伯格市、菲律宾达沃市等国际友好城市多次举办"美丽南宁"市情展，通过展示精美的壮锦服饰及饰品、绚丽多彩的民族风情、优美的生态环境、日新月异的城市风貌及与国际友好城市友好交往的情谊，在宣传推介南宁的同时，也促进了国际友好城市人文交流，巩固了双方情谊，为扩大互利合作奠定基础。在会展活动方面，2012 年以来，南宁市共举办了 3 届南宁国际友好城市交流与合作研讨会，进一步提升了城市知名度和对外影响力，深入推动多领域交流合作，研讨会上形成了具有重要意义的《南宁倡议》，充分借助国际友好城市这一重要的交流平台，深化开放合作机制、创新驱动机制和共享经济机制，积极培育经济增长新动能。梧州国际友好城市本茨弗什市连续四年率代表团出席梧州宝石节开幕式并设立友好城市主题展。这些机制化活动进一步强化了国际友好城市间的创新与共享，推动了国际友好城市间交流项目的务实合作，实现了共同繁荣发展。

四是推动构建全区"大友城"格局。为整合各方资源最大化实现互利共赢，广西主动凝聚起区内外力量，通过搭建平台为国际友好城市之间的合作和国际友好城市工作交流提供更多机遇。首先，自治区、市两级加强联动，推动国际友好城市资源统筹。例如，防城港市与韩国忠清北道永同郡结为国际友好城市后，经过进一步推介和资源共享，广西与忠清北道建立友好区道关系、玉林市与堤川市结为友好城市。不仅通过省级国际友好城市为地市级牵线搭桥，推荐适合的国际友好城市，而且在举办活动时整合相关国际友好城市，提供交流平台。在庆祝中韩建交 30 周年暨广西与忠清北道结好 15 周年纪念大会上，自治区领导以及南宁、防城港、玉林市政府代表，忠清北道有关厅局领导、韩国驻广州总领事馆官员等出席，共商合作。其次，外事部门与各部门和团体加强联动，推动各领域开放发展。例如，以"共享跨境产业机遇，共赴中越友好未来"为主题的 2023 南宁—河内经济走廊友好城市交流大会在南宁举行，聚集了广西外事办、商务厅、交通运输厅、南宁市有关负责人，广西部分边境城市、部分国内企业、南宁市 RCEP 商协会代表，以及越南海防市、北宁省、北江省、广宁省、谅山省和北宁市、北江市有关单位负责人，越南商协会和企业代表。会议聚焦促进中越产业合作和跨境通道建设，为南宁至河内经济走廊中各省市的共同繁荣打下坚实基础，从地方层面助力新时代中越全面战略合作伙伴关系健康稳定发展。这些交流活动成了将广西国际友好城市汇聚一堂分享经验的"朋友圈"，促进了来自世界各国国际友好城市之间的信息互通、资源互补、机遇共享、合作共赢。最后，各级国际友好城市连点成面，结成友好合作网络。广西与印度尼西亚西爪哇省的友好交往就是连点成面的成功案例。2005年，柳州市与印度尼西亚西爪哇省首府万隆市结为国际友好城市，之后在职业教育、园林建设、旅游、文化交流等方面开展了实质性项目交流，双方结下了深厚的友谊。2008年，广西农垦集团在印度尼西亚西爪哇省贝卡西县投资建设了中国·印度尼西亚经贸合作区，借助该项目，广西加强了与西爪哇省的友好交流与合作。2017年5月，广西壮族自治区与西爪哇省缔结为友好区省关系，两地结好对中国·印度尼西亚经贸合作区的发展也起到了助推作用。2017年7月，上汽通用五菱汽车股份有限公司在印度尼西亚西爪哇的子公司宣布投入运营。2022年11月，二十国集团（G20）领导人第十七次峰会在印度尼西亚举行，300辆由上汽通用五菱印度尼西亚公司生产的新能源汽车作为会议的官方用车，为G20峰会提供绿色出行服务，"柳州制造"扬帆出海，得到印度尼西亚官方和当地媒体的关注点赞。正是依托国际友好城市交往的平台，柳州市、印度尼西亚万隆市、广西农垦集团、印度尼西亚西爪哇省贝卡西县、上汽通用五菱、广西壮族自治区、西爪哇省等多个主体互相联结，形成了广西与印度尼西亚西爪哇省之间的友好关系网络，促成了两省之间的成功合作。

（二）发展重点突出，服务总体外交和地方经济社会发展

一是以东盟为主要方向，"一带一路"元素凸显。围绕服务国家总体外交，广西明确在对外交往中的定位和优势，成为我国与东盟国家缔结国际友好城市数量最多的省份。在规划发展布局中，广西注重加强与东盟国家的城市结好，并延伸至其他"一带一路"沿线国家；在举办与国际友好城市的各类活动中，广西十分注重宣传推介"一带一路"元素；开展地方外事活动时，广西国际友好城市也积极融入地方外事工作，以地方外事活动为平台，加强与国际友好城市的交往并积极推介国际友好城市。例如，北海市发展国际友好城市的重点方向是完善东盟国家国际友好城市网络，以及将友好城市网络

拓展至"一带一路"全线，以欧洲为重点，西亚、东非、北非为沿线，打造国际友好城市"珍珠链"。通过向多个国际友好城市展出北海海上丝路文化和南珠文化作品、组织"碧海丝路"原创舞台剧到国际友好城市演出、在国际友好城市交流会上推介海丝文化等方式，积极宣传北海历史文化、中国传统文化和"一带一路"发展新面貌。防城港市依托防城港国际医学开放试验区的政策优势和中药材产地的地方优势，积极推进与波兰热舒夫市结好，加强在中医药和民族医药治疗疾病的传统方法方面的交流，这成为发挥防城港市"一带一路"有机衔接重要门户作用的重要举措。崇左市在 2018 年之前缔结的 9 个国际友好城市均为东盟国家城市，2018 年之后新增了 2 个国际友好城市，为欧洲"一带一路"沿线国家波兰和俄罗斯的城市，体现了近年来以"一带一路"为主要方向拓展国际友好城市的朋友圈。梧州市充分利用"茶船古道·新丝路"六堡茶行销全球的活动拓宽国际友好城市交流面和联络渠道，使曾经构筑起的中国华南地区与东南亚国家及日韩等国的民间商贸通道和经济文化交流走廊"茶船古道"，在如今借着"一带一路"建设东风，将神奇的东方树叶沿"21 世纪海上丝绸之路"运达八方，为世界带来醇郁芬芳的中国茶香。

二是以经济合作潜力为结好的主要因素，不断推进与国际友好城市间的务实合作。为加快打造国内国际双循环市场经营便利地，广西不断加快开展对外经贸合作的步伐，国际友好城市结好由原来的以文化交流为主要内容，逐渐转变为以经济发展和务实合作为主要内容，这也是目前世界各国发展国际友好城市的主流。例如，2024 年南宁市与越南北江省北江市结为国际友好城市，两市同属省会城市，是"一带一路"和"两廊一圈"对接合作的重要节点，两市致力于共同建设南宁至河内经济走廊、推动跨境产业链供应链融合发展、加快畅通跨境物流通道、深化人文交流，进一步加强政治互信、深化经贸合作，打造中越命运共同体建设典范。同年，南宁与越南北宁省省会北宁市结为国际友好城市。北宁市汇集了众多国内外高科技企业，工业蓬勃发展，尤其作为电子信息产品的重要生产基地，瑞声科技、歌尔等知名高科技企业在南宁市和北宁市均设有工厂，两市产业链、供应链深度关联。近年来，北宁市在越南各省市经济增速排名中均名列全国前茅，经济发展表现亮眼，在越南经济发展中战略地位不断凸显，是中越跨境产业链中的重要节点城市。当前，南宁市正全力打造面向东盟开放合作的国际化大都市，以加强电子信息、新能源汽车、铝精深加工等产业链协同合作为重点，推动两市产业链、供应链、价值链深度融合，不断拓展两市在产业、交通、经贸、人文等领域的交流，建好用好两市友谊之桥，让国际友好城市关系实实在在惠及两市人民。

（三）活动形式多样，积极拓展交往领域和参与群体

一是不断丰富活动形式。广西国际友好城市建设一方面运用政务网站、微信公众号等媒体平台加强宣传，为市民提供更多渠道参与国际友好城市活动；另一方面通过举办活动对外推介广西，让国际友好城市市民加深对广西城市人文、环境等方面的了解。如在举办国际友好城市进东博活动期间，为鼓励大家学习国际友好城市知识，自治区外办策划了用手机答题并领取礼物的活动。在举办中国—东盟绘画展活动期间，市民通过扫描二维码即可领取会议邀请函。2022年，"友好城市共享未来"中日国际友好城市青少年"虚拟互访"交流大会以视频连线方式举行。广西大学与日本学园大学、广西师范大学与日本崇城大学、桂林理工大学与日本熊本大学、柳州第三中学与日本阿见町霞浦高中分别开展了形式多样、内容丰富的青少年线上"虚拟互访"交流活动，南宁市与秋田市、柳州市与阿见町还合作录制了双方青少年友好Vlog短视频。活动广泛吸引中日国际友好城市参与，从青少年视角展现国际友好城市风貌、发掘国际友好城市魅力、传承中日友好关系。

二是积极拓展交往领域和参与群体。广西国际友好城市经过多年的发展，已逐步从以传统的高层交往、政府团体交往为主，拓展到民间各群体的交往。

在民间团体交流方面，从 1989 年开始，在熊本中央无线电联盟田中好人会长等日本友人的支持和提议下，桂林市无线电运动协会 BY7WGL 业余电台正式开台。该电台曾在 1992 年、2000 年两次组织桂林的无线电爱好者访问熊本市，熊本市也每隔 5 年组织日本业余无线电爱好者来桂林参加纪念活动。直至今日，两市无线电爱好者之间的交流仍在持续，成为中日民间交流的佳话。在媒体交流方面，日本熊本放送与广西电视台早在 1994 年就签署了结为友好台协议，由此开始了 30 多年富有成效的友好交往与合作。双方不定期开展团体互访，开展纪念活动，加强交流与合作，并对对方举办的重大活动进行宣传报道，增进广西与熊本两地之间的友谊。

四、广西与"一带一路"沿线国家国际友好城市合作的案例

"一带一路"沿线国家多为欠发达地区，多数城市的教育、卫生等民生领域建设仍较为落后。广西发挥毗邻东盟、拥有较为先进的教育医疗水平等优势，为"一带一路"沿线尤其是东盟国家国际友好城市提供帮助。以开展机制化项目为抓手，聚焦专业领域的发展瓶颈，加强对紧缺人才的培养，加大先进技术的交流合作力度，为国际友好城市经济社会发展提供了有力支持，也培养了众多民间友好使者，切实推进"一带一路""五通"建设，并形成了许多可复制可推广的经验。

（一）广西和仰光——一座"工坊"，成就双向奔赴的佳话

2014 年 3 月，广西与仰光省建立国际友好城市关系，双方交流合作日益紧密。2018 年，广西经贸职业技术学院与缅甸纺织工业协会合作，在仰光省成立"衣路工坊"缅甸纺织服装青年技术人才培训和研修中心。截至 2023 年 9 月，"衣路工坊"项目累计培训仰光省纺织服装产业工人 4 万多人次。广西

职业教育"出海"，在广西和仰光省两座国际友好城市之间，架起了一座坚固的友谊之桥。一是以职业教育为媒，开启一场"双向奔赴"。广西经贸职业技术学院艺术设计教学团队在服务广西纺织服装企业"走出去"的过程中，发现当地纺织服装行业标准缺失，工人技术基础比较薄弱，制约了当地纺织服装产业的发展。为解决广西纺织服装企业与仰光省工厂合作的技术问题，团队搭建了工坊平台，输出一系列职业教育交流合作项目。此后，经过缅甸纺织工业协会层层筛选，仰光一批又一批的"洋学徒"通过"衣路工坊"项目来到广西学习。这些学徒学习先进的生产设备操作和制作工艺，学成回到缅甸后，把所学技术运用到生产中，同时也传授给其他工友，帮助当地服装厂提高了生产效率。除了"洋学徒"来到广西高校培训外，校方也会派员去仰光省纺织服装工厂进行技术指导，教学团队也受到了当地华侨的热情欢迎。二是输出职教标准，变身缅甸鲁班工坊。从 2018 年"衣路工坊"项目启动至今，双方交流合作从未间断。项目累计培训仰光省纺织服装产业工人 4 万多人次，输出技术操作标准 54 项、服务标准 2 项。为了方便仰光省产业工人培训，学校还专门编写了中英缅三种语言的教材。除了开展工人的技术技能培训，还将对企业主进行企业管理培训，合作将向纵深领域发展。目前，"衣路工坊"项目已升级为鲁班工坊项目，这是我国在缅甸设立的唯一一个国家级海外教育培训援外项目，成为中国职业教育走向世界的"国家名片"。三是深化友好合作，携手互利共赢发展。在"衣路工坊"背后，是双方不断深化的交流与合作。早在 2018 年 5 月，广西北部湾港就与缅甸仰光港建立了姐妹港关系。据北部湾港官方数据，广西、云南、贵州等外贸企业进口碎米年需求 50 万吨左右，其中广西 40 万吨，以桂林、柳州米粉厂需求为主。中国已成为缅甸最大的大米、碎米进口国，缅甸碎米通过广西北部湾港流向腹地，是中缅两国在农业领域深化合作的一个重要实践。此外，中国—东盟（缅甸仰光）商品展览会作为东博会框架下的重要活动，曾两次在仰光举办。新冠疫情期间，广西与缅甸仰光省守望相助、同舟共济。2020 年初，广西向仰光省政府捐赠了价值 10 万元的抗疫物资，共同谱写了一段"千里同好、坚于金石"的佳话。

（二）崇左和他曲——一批学子，开启逐梦壮乡的旅程

广西崇左市与老挝甘蒙省他曲市均为中国—中南半岛跨境物流重点口岸城市，因区位相近而结缘，这对国际友好城市的关系也因人文相通而日益稳固。自 2015 年崇左市与老挝他曲市建立国际友好城市关系以来，一批又一批的老挝高中毕业生来到崇左留学，在广西民族师范学院接受为期 5 年的高等教育。对他们来说，到广西求学是踏上了追逐梦想的新起点。一是国际友好城市政策吸引他们来桂求学。自 2015 年秋季学期起，崇左市政府设立国际友好城市政府奖学金项目，每年全额资助国际友好城市老挝甘蒙省他曲市 5 名优秀高中毕业生到广西民族师范学院完成本科阶段的学习。截至 2023 年 12 月，已累计招收 352 名老挝籍留学生。二是壮乡生活让他们感受到友好与不同风情。初到广西时，许多老挝留学生不会中文。老师讲课时会特意放慢节奏，对留学生听不懂的地方耐心讲解；中国同学也会帮助他们梳理笔记，助力他们掌握一个个知识点。老师同学的关心关爱、浓厚的学习氛围，给了留学生良好的学习中文的环境，让留学生从汉语拼音、汉字书写等一点一滴学起。在中国老师和同学的帮助下，留学生逐渐地掌握了中文听说读写能力。在广西留学期间，老挝留学生还能领略到多彩的壮乡人文风情，品尝螺蛳粉、游玩太平古镇、欣赏花山岩画、参加唱山歌抛绣球等"壮族三月三"活动，这些令人印象深刻的美好记忆，使他们成了传播广西文化、中国文化的民间友好使者。三是留学广西成为逐梦的起点。长期以来，崇左市与他曲市保持良好的人员往来，每年开展高层互访和磋商，就进一步深化两市国际友好城市关系、促进教育人文交流和人才培养合作等达成共识。两市重点拓展人文教育合作，塑造"留学崇左"民间外交品牌。崇左市政府设立的国际友好城市政府奖学金项目自 2015 年运行以来，已招收他曲市优秀高中毕业生共

计 40 人，并提供全额奖学金，成为广西东盟国际友好城市人文交流标杆项目之一，为崇左市与他曲市国际友好城市关系的持续健康发展注入了薪火相传的动力。国际友好城市关系的建立就像一条纽带，推动着中老各领域合作不断深入，而留学广西的经历也给老挝留学生未来的生活带来更多期待和希望。随着"一带一路"建设的深化，基础设施建设的推进、中老贸易日益密切和民间交流的广泛开展，这些留学生中有一部分用流利的中文和扎实的专业知识从事老挝与中国之间的贸易、翻译等工作，为加强中老交流合作作出贡献；有一部分毕业后入职中老铁路公司，为中老铁路服务。这群活跃在中老铁路上的年轻人，曾就读于该校的国际经济与贸易、汉语言文学、财务管理、物流管理等专业，现分别就职于中老铁路老挝段列车长、列车司机、列车员、随车机械师、售票员、货运员、车站值班员等岗位，为服务中老铁路作出了积极的贡献。

（三）梧州和川圹——一项绝技，引领两地合作的风向

自 2015 年梧州市与川圹省结成国际友好城市关系以来，川圹省已多次派医务人员到梧州学习"梧州蛇伤疗法"，助推两地官方、民间增进交流。该疗法也成为增进两城交流合作的别样纽带。一是治疗蛇伤，川圹省友人多次来取经。治疗毒蛇蛇伤，"梧州蛇伤疗法"因疗效显著、成本低而声名远播。早在 2019 年 7—9 月，川圹省就曾有 4 名医务人员到梧州市中医医院学习"梧州蛇伤疗法"，还跟随老专家到深山采药。在梧州市中医医院，川圹省的医生见到了中国十大毒蛇中八种毒蛇的咬伤病例、救治方法和过程。参加培训的医生回国后，使用"梧州蛇伤疗法"救治了当地许多蛇伤患者。二是救治患者，两地医院盼增进合作。长久以来，如何快速确诊患者是被什么蛇咬伤一直是难题，目前中国科学院昆明动物研究所与梧州市中医医院合作，正在攻克这个难题。在学术交流中，川圹省的医生参观了医院的临床科室、院内制剂室、国际生物毒素研究中心等。当得知实验室在检验确诊蛇伤种类方面

取得重大突破，且已研发出可几分钟测出蛇伤种类的诊断试条时，他们表现出了浓厚的兴趣。梧州市中医医院为川圹省友人培训了诊断试条的操作方法，并借助虚拟教学系统，演示蛇伤创口切开引流等治疗技术。"梧州蛇伤疗法"的一大亮点，就是采用中草药制作的胶囊、药酒治疗蛇伤，疗效显著。川圹省方面提出引进这两种药品在老挝代理销售的意向，以便救治老挝更多蛇伤患者。目前，两家医院正商讨共建友好医院的可能性。届时，双方将把培训交流的领域从"梧州蛇伤疗法"扩大到其他专科领域，还可能互派医生增进交流合作。三是双城故事在更多领域续写。除了"梧州蛇伤疗法"的交流与合作，梧州市与川圹省两地还有许多领域、许多人，在谱写双城好故事。自2015年双方建立国际友好城市关系以来，两地官方高层就曾多次互访。川圹省友人还曾到梧州市的县份，以及企业、博物馆、学校等地实地参观考察，梧州市有关代表也曾到川圹省考察合作可能性，一些企业家在老挝茶业、矿业、林业等领域投资。2022年，川圹省作为老挝"魅力之城"参加第19届东博会。2023年，老挝代表团再赴东博会，一些参展商带来川圹省的茶叶参展。梧州市还邀请川圹省代表在梧州市宝石节期间再访梧州，与老朋友会面叙旧情、话合作，共谱国际友好城市新故事。

第五章

"一带一路"背景下广西国际友好城市建设的 SWOT 分析

　　"一带一路"建设和国际友好城市建设都是地方政府对外交流的重要依托和载体，双方相辅相成、互为平台、互为补充、相得益彰。只有两者打好配合牌，才能更高效地为我国总体外交和地方经济社会发展作出贡献。国家《推动共建丝绸之路经济带和 21 世纪海上丝绸之路的愿景与行动》要求"发挥广西与东盟国家陆海相邻的独特优势，加快北部湾经济区和珠江—西江经济带开放发展，构建面向东盟区域的国际通道，打造西南、中南地区开放发展新的战略支点，形成 21 世纪海上丝绸之路与丝绸之路经济带有机衔接的重要门户"。广西也相应地制定了《广西参与建设丝绸之路经济带和 21 世纪海上丝绸之路的思路与行动》①，提出在继续深化与东盟国家合作的同时，拓展与丝路沿线其他国家的合作，形成"一带一路"有机衔接的重要门户的框架思路。这与广西国际友好城市优先发展东南亚方向，在全国长期保持最多的东盟国家国际友好城市的定位十分契合。多年来，广西在"五通"的建设方面取得良好成效，为国际友好城市工作深化拓展带来巨大发展机遇和有力支撑。作为较早发展国际友好城市、国际友好城市数量常年保持前列的省份，广西在与"一带一路"沿线国家各领域合作尤其是民心相通方面积累了丰富的经验，为广西融入"一带一路"建设打下坚实的基础。未来，广西高质量参与"一带一路"建设将为国际友好城市发展提供更多机遇，然而风云变幻的国际形势和沿线地区复杂的国情民情，也使国际友好城市交流合作面临挑战。

一、广西发展国际友好城市的优势

　　东盟成为"一带一路"建设中我国重点开放合作区域。而在我国与东盟

---

① 广西参与建设丝绸之路经济带和21世纪海上丝绸之路的思路与行动[EB/OL].(2016-10-19)[2025-03-01]. https://www.yidaiyilu.gov.cn/p/1815.html.

的开放合作中，广西具有重要的地位和作用，因此，与东盟国家加强交流合作是"一带一路"背景下广西国际友好城市建设的重点方向。广西发展国际友好城市具有如下优势：

（一）区位优势

2015 年 3 月，习近平总书记参加广西代表团审议时指出，"要加快形成面向国内国际的开放合作新格局，把转方式调结构摆到更加重要位置，做好对外开放这篇大文章"，并赋予广西"三大定位"新使命，指出要构建面向东盟的国际大通道，打造西南中南地区开放发展新的战略支点，形成"一带一路"有机衔接的重要门户。"三大定位"新使命对广西开放合作新格局进行了精准谋划。2017 年 4 月视察广西时，习近平总书记提出"五个扎实"新要求，对广西独特区位进行了更精准的指导，勉励广西："要立足'一湾相挽十一国，良性互动东中西'的独特区位，释放'海'的潜力，激发'江'的活力，做足'边'的文章，全力实施开放带动战略，打造全方位开放发展新格局。"习近平总书记在 2021 年 4 月视察广西时强调，广西背靠大西南，毗邻粤港澳，通衢东南亚，是海上丝路重要枢纽。"要主动对接长江经济带发展、粤港澳大湾区建设等国家重大战略，融入共建'一带一路'，高水平共建西部陆海新通道，大力发展向海经济，促进中国—东盟开放合作，办好自由贸易试验区，把独特区位优势更好转化为开放发展优势。"这是对新时代广西融入"一带一路"进行的更精准部署。

广西是古代海陆丝绸之路的交汇点，与东南亚国家交往历史悠久。岭南先民开辟的南海丝绸之路产生于公元前 11 世纪，以合浦为始发港，面向东南亚，联通南亚和非洲。在南海丝绸之路开辟 800 年后，形成了贯通广西的古代南方陆上丝绸之路。[①] 由此，广西成了古代中国对外经贸往来、人文交流的

---

① 张家寿：《广西参与"一带一路"对外开放的战略布局》，《桂海论丛》2015年第5期。

重要门户和枢纽。在现代，广西处于我国大陆东、中、西三个地带的交汇点，位于华南、中南、西南经济圈和东盟经济圈的接合部，背靠大西南、毗邻粤港澳、通衢东南亚，是中国唯一与东盟海陆相连的省区。沿海优势方面，广西南临的北部湾连接越南、马来西亚、新加坡、印度尼西亚、菲律宾和文莱，北部湾港是离马六甲海峡最近的港口，也是我国西南地区最便捷的出海通道。广西海岸线长 1595 千米，沿海主要形成防城港区、钦州港区和北海港区。沿边优势方面，广西陆地边境线长 1020 千米，8 个县（市）与越南接壤，边境口岸有 12 个，其中 5 个为国家一类口岸，此外还有 25 个边互市贸易点，与边境口岸公路相通。沿江优势方面，流经广西境内的西江西连云南、贵州，东经广东出海，连接西南与珠三角地区，为华南地区最长的河流，航运量居中国第二位，仅次于长江。此外，中国—中南半岛经济走廊与广西陆路相连，重要的区位优势使广西成为我国面向东盟开放合作、与各国共建"一带一路"最便捷的陆海大通道。

（二）人文优势

东南亚是"一带一路"的重点方向，广西地理位置毗邻东南亚，从古到今就有与东南亚人文交流的优势，具有深厚的人文基础。

一是广西在东南亚国家的华人华侨数量众多。广西的华人华侨资源主要集中在东南亚国家，与这些国家具有深厚的历史渊源。研究表明，广西与东盟国家存在深厚的族源关联。据中国和泰国两国专家考证，我国壮族与泰国主体民族泰族具有"同源异流"的族系特征；广西壮族与越南岱依族、侬族则保持着紧密的亲缘纽带；中国华南古越族与马来西亚马来族的族源存在血缘关系；越南境内的苗族、瑶族族群多是自中国广西等地迁入。基于历史移民形成的族群网络，东南亚地区分布着规模可观的桂籍华侨群体。在一些东盟国家，如新加坡、马来西亚、越南等，桂籍华侨人数已达数百万。这种特殊的亲缘纽带使得广西与相关国家在语言文化层面呈现出显著的互通性：越南语与广西京语基本相同；泰语与广西壮语相似。[1]民族语言文化的相通性有效降低了跨国交流成本，这种历史形成的人文纽带正转化为重要的合作优势。国际友好城市结好的一个重要渠道就是华人华侨的牵线搭桥，因此丰富的华人华侨资源有助于广西向"一带一路"沿线国家拓展国际友好城市，也为广西与"一带一路"沿线国家国际友好城市增强文化认同和文化信任奠定了基础。

二是广西与东南亚国家友好交往具有深厚的历史文化积淀。广西华侨华人为东盟国家的主权维护与文化传承作出了历史贡献。自古以来，持续有广西人移居到南洋各国，这些涵盖农民、手工业者及商人的移民群体，通过生产活动与商业往来，切实推动了当地社会经济与文化发展。如 1740 年印度尼西亚华侨参与抗击荷兰殖民者的斗争；抗日战争时期，李光前等数万名广西籍军民在东南亚战场为保卫当地国家献出生命。[2]广西也在东南亚国家争取国家独立和民族解放的斗争中提供了支持。1873—1883 年间，广西派将领刘永福率领黑旗军协助越南抗击法国侵略。抗日抗法期间，广西龙州、靖西、那坡作为越南抗法斗争的干部培养基地和后方基地。在越南革命年代，中国广东、广西被视作越南革命的摇篮和两栖基地。[3]这样的历史渊源，为当前深化与东盟国际友好城市合作提供了珍贵的文化纽带。

三是广西留学生资源丰富，与东南亚职业教育合作基础深厚。20 世纪五六十年代，为支持越南抗法战争和抗美战争，在越南政府的要求下，中越两国共同推动在广西创办了育才学校。该校为越方输送了逾万名管理人才与技术人员，由此开启了广西培养留学生的先河。得益于毗邻东盟的地缘优势、相近的文化传统和生活习惯，以及具有竞争力的教育成本，广西近年来逐渐发展成为东南亚学生赴华深造的重要目的地。随着规模持续扩大，目前广西

---

[1] 何成学：《从大历史中增强广西参与"一带一路"的文化底蕴》，《当代广西》2018年第2期。
[2] 何成学：《从大历史中增强广西参与"一带一路"的文化底蕴》，《当代广西》2018年第2期。
[3] 张斌：《公共外交视域下的中国—东盟人文交流研究》，人民出版社2023年版，第101页。

形成了以东盟国家生源为主体的留学生教育格局。区内高等教育机构中，包括广西大学、广西师范大学、广西民族大学等十余所院校均设有东南亚留学生培养项目。[①] 这种区域性教育合作呈现出双重积极效应：其一，为广西与东南亚国际友好城市在职业培训领域的深度合作积累了经验和信任；其二，通过培养具有广西文化认同感的国际学子，有效培育了促进国际友好城市交流的民间使者群体，为"一带一路"人文交流搭建了可持续发展的平台。

（三）产业优势

广西在参与"一带一路"建设中，将国际产能合作作为关键着力点。聚焦优势产业推进产能合作，不仅能提高资源配置效率，更有助于深化与沿线友好城市的协同发展。[②]

传统产业领域主要涵盖四大方向：一是林木制品加工领域。广西森林资源丰富，林木产量居全国首位，已构建起较为完善的林木产业体系。在全球林产品战略地位日益凸显的背景下，可充分利用境内外资源，推动先进营造林与林产品加工技术"走出去"。二是冶金工业领域。依托毗邻云贵矿产富集区的地理优势及充沛的水电供给，广西钢铁产业已跻身千亿元级支柱产业行列。通过沿海临港产业布局优化（如柳钢集团产能迁移项目），既能对接沿线国家基建需求，又可实现产业升级。三是建材领域。凭借丰富的石灰石储量和便利的物流网络，水泥制造业具备显著优势。同时，玻璃工业与新型建材工业等高附加值领域具备拓展空间。四是食品加工领域。作为农业大区，广西在农副产品加工、特色饮品制造等领域积淀深厚，拥有完善的产业链条和知名品牌。基于与东盟国家相似的气候特征，可建立跨境农产品联合加工体系，输出标准化生产技术，成为对外产能合作的先行产业。

---

① 韦锦海：《发挥区位优势，广开生源渠道——"10+1"背景下广西东盟留学生教育的思考（一）》，《东南亚纵横》2005年第7期。

② 张正华、黄志敏：《国际产能合作背景下广西优势产业选择研究》，《河池学院学报》2019年第5期。

新兴产业主要包括三大板块：一是废弃资源利用。金属与非金属废弃物加工处理是国家战略型新兴产业——节能环保产业的核心组成部分，广西在该产业具有显著优势。目前环保与资源再利用问题已日益得到各国重视，广西可发挥优势，将金属与非金属废弃物加工处理作为对外加强产能合作的重点产业。二是新能源汽车制造。广西柳州新能源汽车产业具备良好的基础，已初步形成配套的产业体系。可借着国家近年来大力支持发展新能源汽车的政策东风，推动广西新能源汽车"走出去"。三是电子信息设备制造业。在政府的引导和支持下，广西已形成涵盖富桂精密、建兴光科技等龙头企业的产业集群。聚焦云计算、人工智能等前沿领域，未来可开展跨境数字技术联合研发，完善智能终端制造产业链。

（四）政策优势

广西政策叠加优势明显，可同时享受少数民族自治、西部大开发、沿海开放和边境地区开放等多重优惠政策叠加。中央批准建设西部陆海新通道、广西北部湾经济区、中国（广西）自由贸易试验区、面向东盟的金融开放门户、中国—东盟信息港、防城港国际医学开放试验区、东兴凭祥百色重点开发开放试验区等众多开放合作平台，广西从中获得了更多的优惠政策，为向海经济发展注入了强劲动力。[①]

（五）平台优势

广西在对外合作中，构建了形式多样、层次丰富的开放合作平台，拥有25 个国家级口岸和 5 个综合保税区。南宁市是中国—东盟博览会的永久举办地。拥有中国（广西）自由贸易试验区、中马"两国双园"、沿边重点开发开放试验区、中国—东盟信息港、面向东盟金融开放门户等 5 个国家级平台，

---

① 广西向海经济发展战略规划（2021—2035年）[EB/OL].(2021-11-15)[2025-03-09].http://hyj.gxzf.gov.cn/zwgk_66846/xxgk/fdzdgknr/fzgh/ghjh/t11106078.shtml.

正在加快推进中国·印度尼西亚经贸合作区、中越跨境经济合作区、广西—文莱经济走廊、防城港国际医学开放试验区等4个跨区域合作平台建设，形成产业类型丰富、各具特色的开放平台格局。[1] 良好的机制和平台，有助于提升广西与"一带一路"沿线国家国际友好城市交流合作的便利化水平，推进项目的顺畅开展和持续发展。

（六）开放优势

广西各地结合自身资源禀赋形成的对外开放定位为"一带一路"国际友好城市合作提供了方向。广西各地对外开放定位如下：广西加快打造国内国际双循环市场经营便利地，南宁市建设面向东盟开放合作的国际化大都市，柳州市建设面向东盟的区域性国际科技创新中心，桂林市打造世界级旅游城市，梧州市打造"东融"枢纽门户城市，北海市建设区域性国际化现代滨海名城，防城港市建设现代化临港工业城市，钦州市建设西部陆海新通道战略枢纽，贵港市建设港产城融合先行试验区，玉林市建设"两湾"[2]产业融合发展先行试验区，百色市建设重点开发开放试验区，贺州市建设东融先行示范区，河池市建设绿色发展先行试验区，来宾市建设区域协调发展试点城市，崇左市建设现代化南疆国门城市。这些定位和规划为国际友好城市工作依托地方开放优势服务党委政府中心工作、打造城市特色品牌提供了很好的参照和思路。

此外，广西有四个过境免签人员入出境口岸，分别为南宁吴圩国际机场口岸、桂林两江国际机场口岸、北海福成国际机场口岸和北海海港口岸（客运）。过境免签外国人在中国境内停留时间为240小时（10天），过境免签人员在广西停留活动区域为南宁、柳州、桂林、梧州、北海、防城港、钦州、贵港、玉林、贺州、河池、来宾12个行政区域。这为广西与国际友好城市加

---

① 何颖、梁碧容：《深度融入"一带一路"建设广西推进高水平对外开放》，《新西部》2023年第8期。
② "两湾"：指广西北部湾经济区和粤港澳大湾区。

强旅游合作和人员往来交流提供了极大便利，也推动了广西城市国际化发展。

二、广西发展国际友好城市的不足

（一）经济基础薄弱影响交往质量和交往积极性

1. 地方经济欠发达对国际友好城市支撑不足与对外开放需求日益增长之间的矛盾

地方经济实力的支撑是国际友好城市工作高质量发展的基础。GDP 是衡量经济实力的重要指标，2024 年我国 GDP 排名前三的省份分别为广东、江苏和山东，与此同时，截至 2024 年 10 月，我国国际友好城市数量排名前三的省份分别为江苏（367 对）、山东（211 对）和广东（210 对），这三个经济大省的国际友好城市数量与经济能力基本匹配。然而，广西 GDP 在全国排名第 19 位，国际友好城市数量长期排名全国第四，广西的经济发展水平与国际友好城市数量并不完全匹配。虽然广西具有地理位置的开放优势、配合国家总体外交的需要和推动地方高水平开放的需求，但如果没有自身充裕的经济基础来支撑国际友好城市快速增长的数量，将较难持续推动高质量的交往。

2. 国际友好城市结好的竞争力有待加强

广西国际友好城市结好与发达城市相比竞争力不足，与临近省份城市之间竞争较大。实践表明，越是政治稳定、经济发达、历史悠久、文化丰富、两国友好、开放程度高的国际友好城市，与其合作的可能性越大、合作领域更宽、合作阻力越小、合作实力更强。随着中国各地国际友好城市数量的快速增长，这样的城市在全球范围内将越来越稀缺，尤其是符合这些特点的"一带一路"沿线城市更是不多。原则上，我国城市只能与外国城市建立"一对一"的友城关系，若我国两个或两个以上城市希望与外国同一城市结好，则需根据国家总体外交和经济社会发展需要做个案处理。因此，国内各地国际友好城市结好存在竞争，国际友好城市数量快速增长与合作能力较强的国际友好城市稀缺之间形成矛盾，这也是部分城市结好成功率不高的原因。长期以来，广西的城市综合实力在全国处于弱势地位，在与国外合作能力强的国际友好城市结好方面，竞争优势不明显。广西多数城市主要寻找发展水平相近的国际友好城市，由于双方财力物力有限，较难实现交往常态化，且因产业不发达，能合作的领域少、合作的可能性小，即使实现合作，也容易出现标的金额小、企业规模小、持续性弱的情况，国际友好城市间较难产生对地方贡献度高的实质性合作。

3. 人均收入不高影响民间参与对外交往活动的积极性

根据 2024 年我国 31 个省份的经济数据，广西城乡居民人均可支配收入为 31125 元，在全国排名第 26 位，人均收入不高也影响了民间参与国际友好城市相关活动的积极性。一是参与对外交往的时间精力不充裕。群众收入不高，日常工作繁重，难以从繁重的工作生活中解脱出来，对国际时事的关心不足，更难有多余的精力参与对外交往活动。二是参与对外交往的费用不充裕。对外交往需要一定的经济基础作为支撑，国际友好城市作为半官方半民间的活动，财政难以满足所有人员对外交往所需的经费，因此部分民间交往需要民间组织和个人自行支付。群众经济基础薄弱，各群体难以支付国际友好城市交往的高额费用，参加友城活动有心无力。三是参与对外交往的兴趣不足。整体收入水平不高意味着人们对参与活动获得的经济收益期望值更高，而国际友好城市由于难以在短期内看到经济收益，将影响群众参与活动的积极性。

（二）发展不平衡

1. 国际友好城市发展的成效存在差距

（1）各地国际友好城市的数量和活跃度存在差距

从国际友好城市数量上看，通过图 4-4 可以看出，广西各地国际友好城市数量在 1—26 个不等，最多相差 20 多倍。从国际友好城市增长情况看，崇左、防城港等奋起直追型的城市增速在 60% 以上，而河池、钦州等动力不足型城市的增速仅 10% 左右。从交往活跃度看，持续强劲型城市的国际友好城市亮点纷呈，形成了政府公务员交流、春节活动、儿童绘画交流展等多个品牌和机制，屡次获得全国友协颁发的一系列荣誉，而动力不足型城市则较少开展国际友好城市活动。

（2）发展基础相似的城市，国际友好城市工作成效也存在差距

从理论上来看，城市的发展基础相似度越高，发展国际友好城市的条件就越相近，国际友好城市的成效也应较为相近。然而，在实际工作中发现，发展基础相似的城市，其国际友好城市工作成效也存在差距。例如，来宾市建市时间为 2002 年，崇左市建市时间为 2003 年，两市几乎同时建市，且 2024 年两市在广西 GDP 排名中分别为第 13 位和第 11 位，GDP 差距不大。从图 4-4 可以看出，来宾市共有 3 个国际友好城市，增长率约为 16%，为广西国际友好城市数量增长较慢的城市之一。崇左市结好 11 个国际友好城市，增长率约为 85%，为广西国际友好城市数量增长最快的城市。此外，崇左市借助国际友好城市平台积极推动与越南边境的交流合作，国际友好城市交往较活跃且具有亮点，而来宾市的国际友好城市交往活跃度相较于崇左市仍有待提高。

（3）与国际友好城市交往存在厚此薄彼的情况

无论是持续强劲型城市或是动力不足型城市，与国际友好城市的交往都存在厚此薄彼的情况，即部分交往活跃，部分交往较少。例如国际友好城市工作成效明显的柳州，一方面 30 多年来与美国辛辛那提市基本每年都有交流，在高层互访、艺术家交流、厨师交流、园林园艺交流、学生交流、图书馆交流等方面都取得可喜成绩；另一方面与非洲乍得恩贾梅纳市交往不够活跃。再如结好 2 个国际友好城市的钦州，一方面与泰国龙仔厝府结为友好城市已入选全国友协的典型案例，作为中国城市外交的成功案例之一向全国推

广；另一方面与 2012 年就已结好的英国圣海伦斯市交往不够活跃。

2. 国际友好城市发展的资源禀赋差距较大

（1）地理位置不同导致开放优势差异

总体而言，广西具有沿边沿海的开放优势，然而各市所处的地理位置不同，导致对外开放的便利程度也不同，进而使国际友好城市数量和活跃程度存在差异。例如，作为中国第一批沿海开放城市的北海，国际友好城市数量排广西第三，结好的城市中有一半是沿海城市，具有发展国际友好城市的明显优势，其国际友好城市发展重点突出，侧重于海洋产业、港口、旅游等方面的合作。防城港于 1993 年由钦州的一个区（县）设立为设区市后，紧紧围绕城市沿边沿海特点和具有防城港国际医学开放试验区、东兴国家重点开发开放试验区等国家级开放政策优势结交国际友好城市，成为奋起直追型城市，国际友好城市数量达 11 个，在广西排名第五，已远高于排名第十四的结好了 2 个国际友好城市的钦州市。此外，经济体量较小的崇左和百色也均依托沿边优势，大力发展与越南的县级国际友好城市，成为广西国际友好城市增长率排名第一和第五的城市。然而，河池、贵港、来宾、玉林、贺州等不具备沿海沿边优势的城市只有 1—3 个国际友好城市，在发展国际友好城市的优势、重点、活跃度等方面均不够突出，成了发展友城动力不足型城市。

（2）开放度不同导致对外交往基础不同

城市对外开放的时间越早，开放度越高，国际化水平就越高，开展国际友好城市工作的成效越显著。具体表现为：一是城市外事工作开展得早，能够建立广泛的国际联系、积累丰富的对外交往经验、培养和储备大量外事人才，这为国际友好城市工作的发展打下了坚实基础。二是市民更具国际化视野，在长期对外交流过程中，开放意识强、对不同文化接纳度高、外语普及率高，这为民间力量积极参与国际友好城市交往提供了更多的可能性。三是城市基础设施和服务对外国人较友好，从随处可见的中英双语路牌、双语服务人员，到遍布全球的国际航班网络、汇聚各国美食的餐馆等，都为外国友人到该城市工作、生活、旅游提供了便利，吸引更多外国友人前来寻求合作。例如桂林是广西对外开放最早的城市之一，因其"桂林山水甲天下"的美誉，自古以来吸引了大量中外游客到此旅游打卡，在国际化发展方面底蕴深厚、经验丰富，近年来更是积极响应国家给予的打造桂林世界级旅游城市的定位，积极打造更具国际化的城市。长期较高的开放度使桂林水到渠成地成为广西第一个结交外国国际友好城市的城市，并形成了众多机制化的国际友好城市品牌。反之，开放度较低的城市，开展国际友好城市工作就较为困难。

（三）实质性交往有待拓展

1. 结好意向多落地实施少

（1）国际友好城市结好成功率有待提高。城市之间结好意向多，正式结成少。多年来，广西各市一方面积极扩大国际友好城市数量，另一方面也在努力拓展朋友圈范围，向东亚、欧洲、大洋洲等地区发展，然而成效仍不够理想。通过对广西各地外事部门调研得知，部分城市国际友好城市结好成功率仅为30%左右。这一方面打击了城市对外交往积极性，另一方面也消耗了国际交往的有限人员、经费和精力，不利于国际友好城市工作的持续性开展。

（2）部分合作签约未得到落实。国际友好城市结好协议常涉及多个领域的交流与合作事宜，然而部分国际友好城市事后并未在这些领域开展交流或进行实质性合作。此外，国际友好城市团组互访往往有备而来，在签约时踌躇满志，签约后部分项目难以落地落实，其中涉及经济、文化、卫生、城市建设等领域，以经济领域最为突出。多次签约难以落实或实质性合作无法落地使得部分国际友好城市有名无实，联系逐渐中断或仅通过网络进行问候，导致"僵尸"国际友好城市的出现。

2. 合作内容务实性有待加强

（1）迎来送往多，实质性合作少。通过梳理广西各地国际友好城市交流情况，发现国际友好城市交往多以城市高层带领官方团组互访为主。城市高层互访的作用主要是联络感情、调研考察，主要表达合作意向，为双方牵线搭桥，一般不针对具体领域签约具体项目。在高层互访之后，需要由具体合作领域的团组进行多次回访或长期对接，推动落实项目合作事宜，然而此类交流较难长期多次持续。长此以往，部分国际友好城市交往仅停留在表面的友好，难以达到民心相通和互利共赢的目的。

（2）文化类居多，经济类偏少。广西各地各级国际友好城市交往多在文化领域开展合作，经济类合作较少。多年来的文旅合作未能成为推动经贸合作的重要力量，对许多经济欠发达的城市而言，国际友好城市交往的投入产出比不够高，将难以为两地友好交往提供不竭动力。

（3）经贸成果少且散，对地方的贡献度有限。近年来，经济领域的务实合作越来越成为世界各国国际友好城市结好和交往的重要因素，广西各地也加大力度不断推进与国际友好城市的经济合作，然而成效仍不够理想。国际友好城市经济合作存在企业规模小、标的金额低、参与主体少等问题，合作内容多集中于小商品贸易，在远距离、跨文化、多语言的高成本合作模式下，此类合作投入产出比偏低，对地方经济的实际贡献有限。

（四）对国际友好城市认识有待提升

1. 对国际友好城市的战略意义认识不足

影响国际友好城市发展成效的因素多样，但是各地政府对国际友好城市的战略意义的认识差异将导致资金、人员、机构设置存在较大差异，从而直接影响国际友好城市的发展成效。一方面，地方对国际友好城市战略定位的认识加深将直接促进国际友好城市的快速发展。例如，作为奋起直追型的崇左市，其国际友好城市数量在广西增速最快，这既是由于基数小，更重要的是与地方政府对国际友好城市的认识高度相关。2010年，崇左市委市政府将国际友好城市工作列为该市扩大对外开放的重要抓手之一，并积极付诸实施，崇左国际友好城市工作自此飞速发展。通过积极结好国际友好城市，给予发展国际友好城市所需的机构、人员、政策大力支持，发布国际友好城市工作实施意见，成立友协理事会、将国际友好城市工作列入年终绩效考评指标等有力措施，实现了崇左友协从没有编制到有人干活，国际友好城市"从无到有"，发展至市、县两级国际友好城市"全覆盖"。另一方面，客观条件虽然重要，但也并非国际友好城市发展的唯一关键影响因素。通过对广西各地国际友好城市的梳理，发现国际友好城市数量与地理位置、经济基础并非影响国际友好城市发展成效的仅有因素，例如部分同样沿海的城市，国际友好城市的数量却很少，部分经济排名靠前的城市，国际友好城市数量也排在靠后的位置。可见，在发展国际友好城市的条件相似度较高的城市中，地方对国际友好城市战略意义认识的不同也是影响国际友好城市发展成效的重要原因。

2. 早期结好国际友好城市调研不足

国际友好城市工作开展的早期，各地发展热情较高但经验不足，对选择结好的国际友好城市未进行充分调研，虽最终促成了结好，但也出现部分国际友好城市关系维系困难、交往质量不高的情况。一是调研不足，国际友好城市合作潜力未知。部分国际友好城市的建立起源于偶然因素，如某一次重要会面、某个熟人牵线搭桥、个人偏好等，这些因素对国际友好城市工作的开展具有积极意义，但真正建立国际友好城市关系还必须以深入调研为基础，寻求两市合作的可能性与潜力。部分城市在建立友好城市关系后，由于找不到实质性合作的切入点而逐渐疏远。二是群众基础不够深厚，国际友好城市交往由民间推动困难较大。部分国际友好城市结好为官方发起，结好前两地还未建立深厚的民间友好关系。由于群众之间没有相互了解的前提和基础，结好后也主要由官方主导推动两地交流，两地市民培养感情并自发组织交流活动较为困难。三是交往基础薄弱，信任关系磨合期较长。国际友好城市作为两个城市交易过程中信任的具体化表现，需要通过长期交流进行信息共享、增进双方文化认知、弥合文化差异、强化信任关系，从而形成长期的友好基础，并将信任行为传递到与国际友好城市结好的其他城市，实现地区整体贸易环境的改善。因此，交往基础薄弱的国际友好城市，相比于经过一段时间友好交往后水到渠成结好的国际友好城市，需要经历较长的磨合期才能实现深度合作。

3. 对国际友好城市的特性了解不足

城市对国际友好城市的特性了解不足，也容易导致对国际友好城市交流的期望过于"功利"且缺乏耐心，因短期内看不到成效就不再积极推动。首先，国际友好城市交往的本质是促进民心相通。"一战"时国际友好城市建立的初衷就是通过市民间的友好交往，促进两国之间的友好关系，因此，其本质是促进民心相通。近年来，经济合作在国际友好城市交往的目标和内容中占据越来越重要的地位。然而，经济等领域的合作都须建立在市民间的友好信任基础之上，无论国际友好城市的发展趋势如何，都无法改变其促进民心相通的本质，这就决定了开展经济合作并非国际友好城市工作要实现的首要目标，"否则它只是一种纯粹的商业关系，而不是姐妹城市的关系"①。其次，国际友好城市交往的特点在于长期性。国际友好城市关系的发展通常经历"相互合作的阶段""互惠的阶段"和"经济的阶段"。②人与人、国与国之间要建立信任关系并非一朝一夕能完成的，城市之间的友好也需要逐步推进到不同阶段。因此，国际友好城市对经济的贡献度难以在短期内衡量，有时会出现前人栽树后人乘凉的情况，也可能产生潜移默化的影响而难以察觉。综观广西国际友好城市合作的成功范例，均具备长期性特征，通过长期机制化的稳定沟通建立信任，再逐渐拓展和深化合作内容，无论市领导更换与否，民间都能始终保持友好交往。最后，国际友好城市合作的优势在于结成网络。国际友好城市交往能发挥"空间溢出"效应，通过深耕无数个节点城市的民

---

① Kevin O' Toole, From Mates to Markets: Australian Sister City Type Relationships, Policy, Organisation & Society, 2000, 19 (1): 43-64.

② Kevin O' Toole, From Mates to Markets: Australian Sister City Type Relationships, Policy, Organisation & Society, 2000, 19 (1): 43-64.

间友好关系，连点成线、连线成片，结成国家间、区域间的友好网络，凝聚为两地合作的坚实力量。当国际友好城市发展没有形成网络时，单靠一座城市的有限资源将难以充分发挥合作优势。

（五）国际友好城市工作管理体系有待完善

1. 目标设置有待完善

一是质量与数量还未完全匹配。近年来，全国各地国际友好城市的数量增长较快，广西也不断加快对外交往的步伐，国际友好城市数量持续保持在全国第四，并提出自治区及各市（县）力争每年新增 1 对国际友好城市，继续保持国际友好城市数量在全国的领先地位。然而，广西国际友好城市数量与经济综合实力在全国的排名并不匹配，在有限的人员和资金条件下，数量快速增长将不可避免地影响国际友好城市的提质工作。二是国际友好城市发展目标有待分类设置。在广西国际友好城市发展规划中，无论是计划中的激活目标、缔结目标还是行动措施，对不同发展基础的城市都还未作细化区分，部分基础薄弱的城市较难达成目标，长期来看较难激发城市对外交往的积极性。三是国际友好城市"一盘棋"格局有待加强。根据国际友好城市的特性和发展趋势，未来只有串点成线、以点带面，形成网络状的国际友好城市分布格局，才能充分发挥国际友好城市的优势。广西各市国际友好城市的结好多为各地自发形成，国际友好城市呈现零星的点状分布，短期内较难形成统筹规划的"一盘棋"局面。

2. 运营体系有待完善

一是定位和重点不够清晰明确。部分城市的国际友好城市工作在资源有限的情况下容易"眉毛胡子一把抓"，缺少针对性，出现结好成功率不高、国际友好城市作用发挥不足的情况。二是有待建立项目跟踪回访机制。国际友好城市出现签约多、落实少的情况，其中一个原因在于对合作意愿或者协议没有及时跟进，做了大量前期工作却最终不了了之，出现国际友好城市工作投入产出比不够高的问题。三是结好和清理机制有待健全。部分国际友好城市活跃度不高，一方面是由于结好时较为盲目，后期合作难以深入开展；另一方面是由于某一时期外国友好城市领导更换而中断交往。目前广西还有待建立较完善的国际友好城市结好和清理机制，以指导各地更规范地开展工作。

3.评价体系有待完善

国际友好城市工作的难点是如何评价交往成效。多年来各地国际友好城市的工作计划主要对结对数量、访问次数、活动人数和涉及领域作要求，而对于"质"的提升还未形成明确标准。因此，国际友好城市建设中如何提高质量就成了一个较为宏观的命题，未形成参照的标准以便各地对标。实际上，质的标准还应涵盖有关部门参与度、社会知名度、群众参与度、群众满意度、促成项目的数量和金额、签约项目落地率等指标，以结果为导向提升国际友好城市的建设水平。

（六）全区"大友城"格局有待形成统一合力

1.联动范围不够广泛

国际友好城市联动的力量主要来自纵向和横向两条主线，通过广泛联动形成国际友好城市工作网络。纵向包括县、市、自治区、全国友协四级联动，横向包括地方各部门之间、城市之间、有国际友好城市的各县之间、广西与外省之间、政府与民间、外国国际友好城市之间六层联动。纵向来看，目前广西已初步形成区市两级联动的格局，例如通过区市两级联动结好新模式，积极推动与东盟国际友好城市的交流与合作。然而，广西国际友好城市联动的"第一公里"和"最后一公里"互动还不够紧密，从国际友好城市结好的关联性来看，市县之间还未形成活跃的联动格局；自治区友协与全国友协的互动不足，承办全国性国际友好城市活动较少；等等，不利于形成纵向贯通的联动格局。横向来看，各地友协大多成立了友协理事会，部分城市每年开展国际友好城市联席会议，政府主导的国际友好城市活动积极引导民间力量参与，通过东盟博览会等平台将国际友好城市聚在一起形成"朋友圈"。然而广西各市之间、有国际友好城市的各县之间、广西与外省之间还未形成联动格局，不便于开展信息交流、资源共享和互帮互助，从而逐步缩小国际友好城市工作的差距，织密国际友好城市工作网络。

2. 联动机制有待健全

首先是各级国际友好城市未建立资源共享机制。纵向来看，区市级国际友好城市联动目前主要以活动为载体，如中国—东盟博览会期间举办的"广西国际友好城市进东博"展览，邀请了广西各级国际友好城市参加。然而区市县还未形成国际友好城市资源与信息共享的平台和机制，大友城格局还有待细化到日常工作中。其次是外事部门与各部门及理事会有待完善工作联络机制。目前部分城市还未能实现定期召开国际友好城市联席会、理事会，工作交流不够密切，各方积极性有待充分调动。最后是有待建立活动统筹机制。民间群体种类多样，但国际友好城市工作对民间资源依托有待加强。通过梳理国际友好城市活动发现，各地涉及民间参与的活动较为零散，规划统筹有待加强，且活动主体较单一，许多主体的积极性还未充分调动。经过统筹整合形成机制化的活动，有助于有步骤、有层次地扩大国际友好城市活动的覆盖面，让对外交往、开放包容成为群众日常生活的一部分。

3. 联动目标任务有待进一步明确

各地友协理事会囊括的部门和领域众多，涉及行业信息多、人员专业性强、对外交往经验丰富，是国际友好城市工作可依托的优质资源。然而实践中，这部分力量还未被充分运用起来，原因一方面与各群体忙于本职工作难以全身心配合国际友好城市工作有关；另一方面也与理事会的目标任务还不够清晰明确有关。各部门各群体没有明确的目标导向来发挥主观能动性，难以有效形成大友城格局的统一合力。

（七）国际友好城市工作保障有待强化

1. 人员配备有待加强

（1）部分外事机构编制与人员供需错配。一是专职人员编制少。国际友好城市的管理机构一般是对外人民友好协会，该协会隶属各地外事部门，一般有独立的人员编制和经费，主要职能是负责民间对外交往和国际友好城市工作。部分城市没有配备友协专职人员，部分配备了专职人员的城市却只有很少的人员编制，友协人员数量与国际友好城市数量不匹配，出现了小马拉大车的情况。二是部分人员常年抽调。部分城市的外事部门在机构改革后并入市委办成为对外交流科，个别人员被调整到市委办其他科室工作，让从事外事工作的人员更少，导致部分城市新增国际友好城市较为困难，现有国际友好城市交往质量不佳。三是人才机制不够合理。一方面，专业型和有经验的外事人才少，外事人才引进困难。另一方面，参公编制的友协人员在市委办内晋升渠道受限，事业编制的友协人员在外事部门与公务员编制同事相比容易出现同工不同酬且需要额外评职称的情况，年轻的外事人才不愿长期从事这项工作。因此出现了人才引进困难与人才流失严重并存的矛盾。

（2）外事队伍能力有待加强。一是专业化水平有待提升。外事活动不仅是翻译业务，尤其是国际友好城市合作还涉及法学、经济学、国际关系、信息技术等领域的专业知识，目前从事外事工作的人员主要为外语专业，缺少具备其他专业领域知识的复合型人才。随着对外交往领域的拓展和合作的深化，专业领域知识的欠缺将较难满足发展的需要。二是知识储备有待提升。由于日常行政业务繁忙，一些友协人员对于国际时事、国家外交政策、广西区情、各部门职能、国际友好城市市情、其他城市国际友好城市工作情况等研究不深，难以紧跟广西发展趋势寻找国际友好城市与广西城市之间的合作契合点和工作发力点。三是外事管理能力有待提升。一方面，部分管理者仍存在外事交往务虚不务实的观念，还未认识到对外开放对经济社会发展的重要性，因此未调动地方的有限资源推动国际友好城市的务实发展，国际友好城市工作仍然停留在表面层次。另一方面，部分国际友好城市工作管理者的国际视野和外事管理能力有待加强，需改变用对内事务的管理方式进行外事管理和开展对外交往的做法，积极掌握国际交流的规律和地方开放的实际，使外事工作发挥为地方开放服务的作用。

2. 财政资金支持力度差距较大

广西国际友好城市交往经费来源主要为财政拨款，但各地 GDP、对外开放程度、重视程度不同，财政资金支持力度差距较大，导致各市国际友好城市发展不平衡。一方面，GDP 差距较大的城市之间发展国际友好城市工作的财政资金差距较大；另一方面，GDP 水平相当的城市之间投入国际友好城市工作的资金差距也较明显。实践表明，财政资金投入的差异直接影响国际友好城市工作成效，投入资金越多，工作成效越显著。

3. 宣传工作有待加强

一是宣传频次不足，社会知名度较低。目前只有少部分城市的外事部门设有政务网，多数城市的外事部门对外宣传主要是通过市政府的网站或者地方官方媒体，因此大部分城市对国际友好城市交流合作的新闻报道较少，仅少量提及市领导出访或接待对方团组。宣传频次少，主要原因是宣传媒介和经费有限、相关部门缺乏动力以及部分外事工作人员重视程度不够等。

二是宣传内容单一，群众知晓度不高。媒体宣传是群众了解国际友好城市的主要窗口，报道内容的丰富度将影响群众对国际友好城市工作的了解程度。目前，广西各地关于国际友好城市的宣传存在内容不全面的问题，尚未向群众展现完整的国际友好城市工作图景。首先是前期多后续少。多数新闻仅对国际友好城市交往的活动进行前期和中期报道，对报道提及双方具有合作意向的项目或签署的合作协议较少进行后续跟进，容易让人有虎头蛇尾之感。其次是新闻多制度少。宣传内容主要为活动报道而缺乏国际友好城市规章制度、发展规划、行动计划等，群众对广西各地国际友好城市发展的全貌认知不全面、不深入，国际友好城市工作显得较为"小众"，民间群体难以深度参与其中发挥主观能动性。最后是官方多民间少。多数国际友好城市活动以领导参与为主，较少报道城市间企业、市民、社团交往的故事。许多民企、社会组织、群众未意识到自身可参与其中，因此较少主动寻找与国际友好城市交流或合作的契机。

三是宣传形式传统，吸引力有待提升。首先是集中宣传多，日常宣传少。举办大型国际友好城市活动期间宣传频次多、形式丰富，但是日常交流的宣传较少，集中宣传虽然声势浩大，在短时间内能起到很好效果，但是效果较为有限。有效的宣传工作还需要"润物细无声"，通过保持一定频率、不间断地分享国际友好城市日常交流中的点点滴滴，才容易在群众心中生根发芽。其次传统媒介多，新媒体宣传少。广西各地对国际友好城市活动的宣传主要是通过传统媒体（主要是广播电视和报纸期刊）或者政务网站，在社交媒体和短视频平台等宣传较少。国际友好城市市民交往的主要对象是中青年，这部分市民日常获取信息的主要渠道是以手机为载体的新媒体平台，因此传统媒体已难以满足日益增长的对外交往宣传需求，国际友好城市宣传应随时代发展作出相应的变化。最后官方文体多，生动文案少。在信息大爆炸的时代，每天都有无数条信息充斥着我们的眼球，如果宣传方式未能在短时间内引起人们的注意，将难以获得市民的广泛关注。广西多数外事部门的宣传文章仍以传统的报道文体为主，格式化的官方文体难以引起关注。国际友好城市宣传应更接地气，展现生动活泼的形象，通过生动的形式和创新的文案设计让市民在轻松愉快的氛围中加深对国际友好城市工作的了解，并主动产生参与国际友好城市交流的意愿。

三、"一带一路"背景下广西国际友好城市建设面临的机遇

广西发展国际友好城市，必须立足实际，紧密结合国家赋予广西在"一带一路"中的战略定位和推进"一带一路"建设的需要，运用好广西推进"一带一路"建设十年来积累的优势和机遇，助力广西高质量参与"一带一路"建设、服务中央赋予广西服务总体外交的使命，推动经济社会的发展。

（一）加强互联互通，缩短国际友好城市时空距离

1. 西部陆海新通道的建设促进形成立体高效的交通网络

铁路和公路方面，湘桂铁路南宁至凭祥段提速运行，通往东兴、友谊关、水口、龙邦等口岸的高速公路建成通车。水运方面，平陆运河全线开工建设，预计 2026 年底建成，届时广西将开辟西南地区通往东盟最经济、运距最短、最便捷的江海新通道。航空方面，广西已建成运营 8 个运输机场，"两干六支"民航机场体系初步形成，南宁机场国际货运航线基本实现了东盟国家全覆盖。水、陆、空综合立体交通运输网络的布局和基础设施建设，为广西与东盟国际友好城市的人员和货物往来提供便利。

2. 口岸的对外窗口和开放平台作用提升与国际友好城市的交往效率

一是构建立体化口岸开放格局。自 2013 年以来，广西新增 2 个边境公路口岸，9 个口岸扩大开放项目获国家批复。截至 2023 年 10 月 12 日，广西共有对外开放口岸 22 个，数量居全国第四，实现了海运、内河、公路、航空、铁路五种类型全覆盖，形成了全方位、多层次、立体化的口岸开放格局。二是推进智慧口岸标志性项目建设。2023 年 9 月 15 日，中越首个跨境智慧口岸项目开工建设，2024 年建成运营后实现货物进出口全天候 24 小时"零等待""不打烊"，大幅提升了口岸通关能力，使贸易往来更加便捷高效，有力

服务了"一带一路"建设和国际友好城市交往。

3. 中国—东盟港口城市合作网络建设促进与港口国际友好城市的互利共赢

2013 年，来自中国和东盟国家的部分港口城市市长和有关代表共同通过《中国—东盟港口城市合作网络论坛宣言》，并确定钦州为合作网络的基地。自成立以来，中国—东盟港口城市合作网络致力于落实中国和东盟领导人关于"构筑海上互联互通网络"和"开拓海上务实合作"的共识，重点推进中国—东盟港口城市之间在友好城市、相互通航、港口建设、临港产业、海洋交流、文化旅游等方面的全面合作。截至 2023 年 9 月 19 日，合作网络成员单位增加到了 39 家，其中东盟 9 家，涵盖了中国和东盟有关国家的主要港口和相关机构。这一平台促进了中国—东盟港口间的交流，让更多的城市和机构受惠于港口城市友好合作，共享海上丝绸之路的互利共赢成果。

4. 中国—东盟信息港的建设为加强国际友好城市在数字信息领域的合作提供支撑

广西与国际友好城市的合作已从文化、经济等传统领域拓展到应急管理、信息技术等新兴领域。例如，南宁市通过与泰国孔敬市等国际友好城市签订《智慧城市伙伴关系合作备忘录》，加强与东盟国家国际友好城市在北斗卫星导航系统及相关产业上的合作，加快建设面向东盟的北斗时空信息枢纽。截至 2023 年 10 月 12 日，广西已建成一批面向东盟的数字经济产业园和算力中心，设立南宁国际通信出入口局和南宁国家级互联网骨干直联点，开通 3 条国际互联网数据专用通道。与东盟国家共同推进北斗、电子政务、远程医疗、在线教育、智慧农业、人工智能影视译制等数字技术应用。未来，广西将打造中国—东盟绿色算力枢纽，建设面向东盟的跨境数据流通基地和数字产品基地，培育好机器人、跨境直播、跨境电商等产业链。这为广西与国际友好城市加强网络交流、深化信息技术领域的合作提供了支撑、拓展了空间。

（二）搭建机制平台，助力国际友好城市深化合作

1.建立常态化交流机制，加强各层级主体交往交流

（1）"两会"搭建了国家高层之间的沟通机制。截至2024年累计举办了21届中国—东盟博览会、中国—东盟商务与投资峰会，根据现在公布的最新数据，前19届东博会共有182位中外领导人、3800多位部长级贵宾和国际组织负责人出席，110多万名客商参会，共举办了200多场经贸活动，吸引了4万多位中外企业代表参会。博览会设立"一带一路"国际展区和"广西国际友好城市进东博"展区。在博览会框架下，推动中国与东盟搭建了40多个领域的部长级常态化会晤沟通机制，签署了一系列合作框架协议和备忘录，发布了多领域的"南宁宣言"。"两会"形成具有国际影响力的"南宁渠道"，成为加强国际友好城市所在国家高层沟通合作的主要平台之一。

（2）双多边机制拓展了地方政府合作的新空间。截至2024年，已连续9年召开中国广西与越南边境四省党委书记新春会晤联谊活动，同期举办广西与越南边境四省联合工作委员会会晤，达成多项共识。举办中国广西与老挝老—中合作委员会交流合作研讨会，签署了交流合作计划，不断丰富中老命运共同体内涵。举办了4次中国广西—泰国联合工作组会议，搭建了广西与泰国友好务实合作桥梁。柳州市依托中欧区域合作机制下国际城镇合作项目案例城市与欧盟城市合作持续加强，在生态转型和绿色协议、城市（区域）更新与社会融合、创新型可持续发展以及碳中和生态系统等领域展开合作。此外，广西积极参加中非地方政府合作论坛以及中国—东盟、中越等中外地方政府合作机制。丰富的双多边机制为国际友好城市地方政府层面的交流合作拓展了空间、提供了机遇。

（3）丰富的民间交流机制促进民心相通。一是文体交流形式多样。举办多届中国—东盟文化论坛、中国—东盟博览会文化展、中国—东盟视听周等活动。与文化部共建越南中国文化中心，推动《刘三姐》《碧海丝路》等广

西文艺精品走出去。与东盟多国媒体合办《中国剧场》《中国动漫》《中国电视剧》等栏目，中老合拍纪录片《光阴的故事》献礼中老建交 55 周年。举办中国—东盟国际汽车拉力赛暨中国—东盟媒体汽车拉力赛、"一带一路"国际帆船赛（中国北海站）、中国—东盟武术节等重大赛事。二是科教合作形成品牌。中国—东盟技术转移中心建成，成为我国各领域先进技术和产品向东盟输出的重要渠道。大力推进面向东盟科技创新合作区建设，与 9 个国家建立了政府间双边技术转移工作机制。推进中国—东盟教育开放合作试验区建设，在东盟国家形成"留学广西"品牌，设立广西政府东盟国家留学生奖学金，在桂东盟学生已突破 1 万人。通过开展形式多样、领域广泛的民间交流，为共建"一带一路"和推动国际友好城市务实合作夯实了民意基础。

2. 建设产业合作的园区，为国际友好城市拓展合作提供平台

依托南宁、北海、防城港、钦州、玉林、百色、崇左七市现有的各类园区，整合建设中国—东盟产业合作区，其中布局有中马钦州产业园区、中新南宁物流园、中泰（崇左）产业园、防城港国际医学开放试验区等国际合作平台，为广西与东盟国际友好城市开展产能与投资合作提供平台载体，推动构建中国—东盟跨区域跨境产业链。产业园区涉及的国外企业和城市为广西国际友好城市网络拓宽平台，有助于形成双方在经济和各领域的联动发展。

（三）夯实合作基础，拓展国际友好城市合作方向和领域

1. "一带一路"倡议为完善国际友好城市网络布局提供指引

《广西参与建设丝绸之路经济带和 21 世纪海上丝绸之路的思路与行动》实施前，广西主要发挥中国—东盟博览会的平台优势和与东南亚陆海相连的区位优势，多与东盟国家的国际友好城市结好，这一特征集中体现在广西国际友好城市发展的第二阶段（2004—2015 年，详见第四章广西国际友好城市

的发展和现状）。2016 年至今的第三阶段，多地政府积极配合国家"一带一路"倡议，把结好的优先方向扩大到"一带一路"沿线国家和地区，拓展了之前还未建立联系的国家的城市"朋友圈"，例如欧洲的罗马尼亚、波兰、希腊、乌克兰等国，不断完善国际友好城市在全球的网络布局。然而，广西国际友好城市在与"一带一路"沿线国家的城市交往中仍存在不少空白，其中部分国家已与广西开展了互联互通的合作，具有较好的民意基础与合作基础，有利于提高国际友好城市结好的成功率和保持机制性的交往，这为广西结好新国际友好城市提供了方向指引。例如，广西长期与非洲国家开展卫生健康交流合作，向尼日尔和科摩罗派遣长期医疗队员并赢得国际广泛赞誉，但目前仍未与这两个"一带一路"非洲国家的城市建立国际友好城市关系。未来，随着"一带一路"建设范围的不断扩大，将为广西拓展国际友好城市网络、完善空间网络布局提供更多指引。

2. "一带一路"为拓展国际友好城市合作领域奠定基础

广西与国际友好城市合作以文化、经济、教育等传统领域为主，近年来虽涉及城市治理、科学技术等新型领域，但覆盖面较窄且合作内容不够丰富。经过"一带一路"十多年的建设历程，已为国际友好城市拓展合作领域打下坚实基础。一是提升跨境金融服务水平。作为"五通"的组成部分，资金融通对我国与"一带一路"沿线国家交往具有重要意义。广西以面向东盟的金融开放门户建设为主线，以推动人民币面向东盟使用为重点，提升面向东盟的人民币跨境结算、货币交易和跨境投融资服务水平，助力共建"一带一路"和国际友好城市合作资金融通。二是卫生健康对外交流合作。推进防城港国际医学开放试验区建设，设立中国—东盟传统医药交流合作中心（广西），助推中国传统医药进入东盟。实施援柬埔寨、老挝消除白内障致盲项目，落实中非"卫生健康工程"，向尼日尔和科摩罗派遣长期医疗队员，这些举措为广西拓展卫生健康领域的合作打下了基础。三是国际减贫对外交流合作。截至 2023 年，广西已承办 30 期国际减贫研修班，来自亚、非、拉 94 个国家和

2 个区域组织的 736 名减贫官员到广西交流学习，在老挝实施首个中国减贫"走出去"项目。为广西与国际友好城市开展减贫经验合作、推动构建人类命运共同体积累经验。四是生物环保对外交流合作。中国—东盟环保技术与产业合作交流示范基地获国家生态环境部批准成立，建设中越跨境生物多样性保护廊道示范项目。举办中国—东盟环境合作论坛，深化生物多样性保护合作，有利于推动广西发挥生态优势，与国际友好城市开展更多生物环保方面的合作。

四、"一带一路"背景下广西国际友好城市建设面临的挑战

截至 2024 年 10 月，中国已经与 150 多个国家、30 多个国际组织签署 200 多份共建"一带一路"合作文件。受地缘政治、传统安全、非传统安全、宗教信仰、语言文化等因素影响，各国国情较为复杂，对广西与部分沿线国家城市的友好交往提出了挑战。

（一）地缘政治风险与制度性合作的挑战

"一带一路"沿线地区部分国家政权形势不稳定，政治体制脆弱，深受毒品、跨国犯罪、恐怖主义等威胁，加上大国的干涉和竞争，各种利益集团关系错综复杂。这种局面不仅给这些国家政权带来颠覆性风险，还给当地社会环境带来极大动荡，威胁着我国在有关地区的人员安全、投资利益、经贸合作以及边境地区的稳定。与此同时，西方媒体对"一带一路"的歪曲报道以及部分国家对合作的重重顾虑，也将影响沿线国家对华的印象。

1. 政局不稳定影响友好关系维系

东道国政治不稳定、政局动荡、内乱、恐怖主义等因素，会造成城市领导频繁变动、交流人员人身安全受到威胁等情况，增加国际友好城市关系长

期维系的成本和难度，最终可能导致国际友好城市往来中断。与国际友好城市友好关系的建立关键在于地方官员，地方官员的重视程度也是两地往来是否频繁的重要因素，因此地方官员对国际友好城市交往的态度直接影响国际友好城市在一个任期内是否可持续，并将对后续接任的地方官员的决策产生深远影响。如果接连几任官员对国际友好城市关系重视不足，由于缺失了友谊的代际传递，国际友好城市之间想重新激活联系就变得十分困难，这将对国际友好城市关系造成难以消弥的隔阂。

2. 协议效力不足影响项目实施

在国际友好城市合作过程中，当东道国的制度体系不足以对政府权力形成强大约束力，或者制度不健全导致存在较大不确定性时，将无法保障合作协议始终如一地执行，甚至出现失信的情况，使另一方产生信任危机，影响进一步合作的积极性。国际友好城市关系的维系需要双方长期自觉遵守协议，一代接一代地将合作项目付诸实践。然而，由于国际友好城市协议缺乏法律效力，在交往实践中存在部分国际友好城市不遵守协议、不愿意沟通的情况，这在政治不稳定、经济欠发达地区尤为明显。长此以往，仅靠一方努力将难以维系双方友谊。

3. 舆情风险影响民间互信关系

近年来，我国经济发展迅速，已经多年稳居世界第二大经济体，随着综合国力的增强，引发了许多国家的担忧，"一带一路"倡议的提出难免被这些国家打上各种标签，国外部分媒体、智库专家也对"一带一路"充满了疑虑，这些疑虑的承载主体正是城市中的群体和个体，因此不可避免地影响了民间的互信关系。首先是一些国家渲染的"一带一路"地缘政治风险，如美国等西方国家认为这是"冷战"初期美国的"马歇尔计划"、担心中华文明与伊斯兰文明联手对抗西方文明、误读这是中国对美国"重返亚太战略"等强有力的回击等。其次是一些国家渲染的"中国威胁论"，如中国借共建"一带一路"推进新殖民主义、炒作"债券帝国主义论"、渲染"资源掠夺论"、制作

"军事扩张论"等。还有一些共建国家的利益集团为了某些政治目的借"一带一路"炒作中国议题，引发了一些小规模的反"一带一路"和反华游行示威。[①]这些舆论容易让沿线国家的地方政府、民众对中国产生负面印象，对作为"一带一路"民心相通重要方式的国际友好城市交往心生芥蒂，一方面可能增加广西与这些城市结好的难度，另一方面也可能使已结好的国际友好城市多年来的交往成效受到消极影响。

（二）经济效益和经济成本的挑战

国际友好城市一方面通过为企业牵线搭桥推动经济合作，另一方面自身开展日常交往也产生经济成本，因此，"一带一路"背景下国际友好城市开展交流合作面临的经济挑战可从以下两方面分析：

1. 从企业的经济效益来看

（1）经济合作门槛高且竞争大，企业"走出去"面临较大阻力。一方面，对外投资门槛高，民营企业参与度低。目前我国企业海外投资主要涉及东道国关键领域，包括交通基础设施、能源基础设施、工业园、航空航天等关系国计民生的领域，这些项目规模较大、投入成本高、建设周期长、不确定性大、收益回报低，投资门槛和风险较高，目前以国企投资为主，民企规模、资金实力和融资渠道有限，能参与沿线城市投资的企业较少。因此，作为半官方半民间性质的国际友好城市平台，在"一带一路"对外投资方面牵线搭桥的作用显得有限，难以撬动民企这一数量最多、最活跃的经济主体参与"一带一路"国际友好城市的经济合作。另一方面，大国博弈加剧竞争，经济合作遭遇阻力。国际形势错综复杂，一些西方国家极力鼓吹"中国威胁论"，加强对"一带一路"沿线国家的渗透，破坏中国与"一带一路"沿线国家的和平合作环境，使得中国与沿线国家的经济合作面临巨大阻碍，影响了我国

---

① 宋国新：《共建"一带一路"十周年：重大安全成就与风险应对》，《东北亚论坛》2024年第2期。

企业"走出去"。

（2）营商环境不确定性大，企业"立足"面临较大风险。在国际友好城市的牵线搭桥下，广西企业在经济风险高的沿线国家国际友好城市开展项目经贸合作时，可能会在以下方面受阻或失败。一是市场收缩风险。如果东道国的经济发展速度缓慢，市场规模必定会收缩，企业的收益达不到预期，势必会导致合作无法继续。[1]二是违约风险。沿线一些国家经济增长不平衡、不确定性特征明显，全球贸易受公共债务和贸易赤字影响，投资萎缩，贸易经济增长下行，会加大东道国的经济风险，一旦经济风险加剧，经贸合作项目违约风险将会集中暴发，项目被迫中止或者东道国企业无法偿还债务，将给我方企业造成较大损失。[2]三是通货膨胀风险。经济波动性大的国家，如果发生严重的通货膨胀，我方企业投资亏损的概率将会很大。[3]四是法律风险。部分国家市场和法制还不是十分健全，中国企业在这类国家的投资存在较高的税务核算、专利保护、违约解约风险。一些国家的法律与规则不符合国际规范，存在对外资过度规制与对内资过度保护的现象。[4]五是劳动罢工风险。由于经济增速放缓，民生水平下降，各种形式的民粹主义和贸易保护主义抬头，某些国家打着"劳工保护""环境保护"等旗号，增加了我方企业对外投资成本。[5]

2. 从国际友好城市交往的经济成本来看

（1）部分沿线城市经济基础薄弱或产业具有竞争性，难以实现"双向奔赴"。国际友好城市间开展经济合作最好的情况是"门当户对"和"互通有无"，即双方经济发展程度相似且产业互补，这样开展交流合作才容易有延续性。反之，双方经济和产业基础相差悬殊、产业之间具有较大竞争性，则不

---

① 王昱睿：《东道国风险对中国"一带一路"项目投资的影响研究》，东北财经大学2022年。
② 王昱睿：《东道国风险对中国"一带一路"项目投资的影响研究》，东北财经大学2022年。
③ 王昱睿：《东道国风险对中国"一带一路"项目投资的影响研究》，东北财经大学2022年。
④ 颜少君：《新形势下"一带一路"面临的风险与中国抉择》，《开放导报》2023年第1期。
⑤ 颜少君：《新形势下"一带一路"面临的风险与中国抉择》，《开放导报》2023年第1期。

容易开展合作。一方面,"一带一路"途经城市多为经济和产业基础薄弱的发展中国家,有时以广西长期开展帮助或发起交往为主,广西在维系国际友好城市关系中"付出更多",使得交往成本较高,地方财政压力较大。另一方面,部分东南亚国家与广西在农业及农产品、金属冶炼及加工业、中低端机电产品、水泥建材等产业,以及发展对外贸易和吸引国际资本等方面存在明显竞争性。[①]如此一来,双方开展经济合作的可能性很小,难以提高交往积极性。

（2）结好和交往成本高、困难多,合作可能性小。一方面,不确定性大导致交往意愿不高。在国际友好城市结好的可行性调查阶段,广西需要对意向结好城市的政治、经济、社会环境,以及对应机构、合作行业、合作项目等多方面进行深入调研和评估,在选定合作城市、确定合作目标后启动申请结好等程序,在获得两国政府或国际友好城市交往组织批准前需要进行多次往返沟通。政治风险高的国家面临人员安全无法保障、政府有效性低、交往不确定性大等风险,需要付出更多人力、物力和时间,导致结好成功率低,影响交往积极性。另一方面,距离较远或交通不便导致合作可能性小。距离过远、交通不便也是两城交往存在的挑战之一。如果两地距离过远,将耗费较长的时间和昂贵的交通费用,一是对官方团组而言,每次交往涉及人员多,需要较大的财政支撑,这是官方交流不得不考虑的重要事项;二是对于民间交往而言,昂贵的交通费用将使民间团组难以支付,降低民间参与国际友好城市活动的积极性。除了南宁、桂林等国际化运输较为便利的城市,广西多数城市较难直接与国外国际友好城市通达,需要转乘多种交通工具,耗费较多时间和精力。如果未来开展经济合作,两地货物运输、企业和各团体往来的时间和经费成本也会很高,将会影响国际友好城市开展经济交往的积极性。研究也表明,国际友好城市的建立对邻近国家或地区出口的促进作用显著高

[①] 广西壮族自治区东南亚经济与政治研究院课题组、刘家凯:《广西与东盟产业合作创新研究》,《改革与战略》2019年第1期。

于对非邻近国家或地区的影响。[①]

（3）国际友好城市对"一带一路"沿线国家经济作用发挥不明显。随着"一带一路"倡议的深入实施，我国对"一带一路"沿线国家政策叠加、资源集中，各地与国际友好城市在此基础上的交往主要为锦上添花而非雪中送炭，因此对经济的贡献度并不明显。有研究表明，国际友好协议对非"一带一路"沿线国家或地区的出口促进效果更明显，原因是"一带一路"倡议本身已释放了相应城市间的出口潜能，导致国际友好城市可发挥的出口促进空间受限。[②]从实践中看，以东盟为例，广西与东盟的进出口贸易额多年来互为第一，双方多年来在民间交往、文化交流等方面的合作均较为丰富，中国—东盟博览会更是为两者之间的交往提供了平台和机制。图 4-1 直观显示出，自中国—东盟博览会后，国际友好城市结好数量开始呈现快速增长的趋势，与此同时，广西与东盟的经贸合作、人文交流等各领域的合作也呈现快速增长趋势。此外，广西与部分"一带一路"沿线国家城市的关系是政策先行，国际友好城市跟进配合国家总体外交或者地方推进"一带一路"倡议的需要，例如在广西落实"一带一路"倡议后，广西将国际友好城市拓展到更多东盟之外的"一带一路"沿线国家。在同一时期多种因素的共同作用下，国际友好城市是否促进了中国—东盟各领域的合作较难判断。因此，从这一角度来看，国际友好城市通过民心相通促进经贸合作的效力没有得到充分显现。

（三）跨文化融合的挑战

1. 语言障碍是国际友好城市民间交往的首道难题

国际友好城市交往涉及的国家众多，多数国家的母语并不是英语，除了官方交往的外事工作人员，普通民众的英语熟练程度并不高。按照规划线路，"一带一路"沿线国家使用的语言有 1000 余种，其中官方语言及国语总共 60

① 杨婧宇、陈强远、钱则一：《国际友好城市与中国出口贸易》，《经济理论与经济管理》2022年第3期。

② 杨婧宇、陈强远、钱则一：《国际友好城市与中国出口贸易》，《经济理论与经济管理》2022年第3期。

余种。① 国际友好城市之间希望自上而下推进民间广泛交流，语言是要跨越的第一道难关，过不了语言关，民间群体和市民个体就难以在日常生活与合作中深入沟通，文化理解和文化融合也就无从谈起。笔者在 2023 年中国—东盟博览会期间，对"广西国际友好城市进东博"展区的泰国、缅甸、南非等外国国际友好城市工作人员进行英语访谈和问卷调查②，当被问及对方城市与广西国际友好城市交往面临的困难有哪些时，受访人员都将"语言"选入其中，这说明语言在双方沟通交流中的重要地位。到博览会参展的尚且是与广西交流较为频繁的国际友好城市，受访者也是常年从事外事工作的人员，多数对英语运用较为熟练，然而对于其他交流不多的"一带一路"国际友好城市的普通群众而言，语言更是横亘在两城民间交往中的难题。截至 2022 年 5 月 9日，广西本科高校已开设印度尼西亚语、柬埔寨语、泰语、缅甸语、老挝语、越南语和马来语等 7 种东南亚小语种专业，③ 然而比起"一带一路"沿线国家涉及的语言种类，广西高校开设的语言课程种类仍然不足，小语种人才储备存在较大缺口。此外，广西除了边境地区边民能掌握越南语、部分受过高等教育的人群能用英语交流，各地市民的外语普及程度总体较低。

2. 宗教多样性和差异性给人文交流带来挑战

"一带一路"沿线国家宗教信仰氛围浓厚，涉及伊斯兰教、犹太教、东正教、基督教、天主教、佛教、印度教、锡克教等多种宗教，面临宗教冲突、教派纷争、宗教极端势力、宗教法制薄弱、政教关系复杂、对宗教认识不足等风险。④ 不同宗教之间的巨大差异在国际交往中极易引发民众间的隔阂矛盾和国家间的冲突对抗，成为推进"一带一路"人文交流不可忽视的重要挑战。虽然目前广西结好的国际友好城市较少为宗教冲突风险大的城市，然而随着

---

① 杨亦鸣、赵晓群：《"一带一路"沿线国家语言国情手册》，商务印书馆2016年版，第11页。

② 问卷样式详见本书附录3。

③ 东南亚小语种人才就业遭遇短期"寒潮" 前景依然广阔[EB/OL].（2022-05-08）[2024-11-10].https://m.chinanews.com/wap/detail/chs/zw/9749059.shtml.

④ 张胆琼：《"一带一路"倡议实施中的宗教风险与防范》，杭州电子科技大学2019年。

"一带一路"合作范围的扩大、国际友好城市数量的增长和国际友好城市在全球网络布局的完善，结好城市将拓展到更多政教关系复杂的国家。国际友好城市的作用是通过地方之间的民心相通推动国家间的民心相通，从而服务国家总体外交和推动地方对外开放发展。只有重视对不同宗教的教规、习俗、禁忌进行了解，才能织牢国际友好城市网络，更好推动"一带一路"倡议在沿线国家深入民心、融入当地、落实落细。

3. 观念差异造成的思想误区影响交往成效

"一带一路"沿线国家民族众多、历史悠久、文明多样，观念差异显著，如果不加以了解和重视，很容易将日常的惯性思维代入与国际友好城市的交往中，引起对方的反感和排斥，产生反向效果。在此列出部分因观念差异造成的典型思想误区，为各地在开展国际友好城市交往中加强对当地文化的重视提供参考。

（1）认为经济合作是所有城市交往的首要目标。近年来，世界各地的国际友好城市越来越呈现出经济交往的趋势，然而这一趋势并非适用于所有国家。不同城市对外交往侧重不同目标，部分以经济交往为主，如美国的州和澳大利亚的州；部分以文化交流为主，例如日本的都道府县、比利时的语言区等。[①] 如果使用"一厢情愿"的交流方式，不了解国际友好城市与广西结好的目标和意向，将难以找到双方合作的契合点。部分企业也是因为以经济为首要目标而忽略了"一带一路"沿线国家民众的差异性，从而在对外投资中面临当地员工罢工、游行等问题。

（2）认为仅与国际友好城市的华人华侨开展交流合作即可。国际友好城市结好的一个重要渠道就是华人华侨的牵线搭桥。广西作为中国著名的侨乡，丰富的华侨资源为国际友好城市交往带来了优势和便利。然而，华人华侨仅为当地城市众多群体中的一部分，开展与国际友好城市其他民族和群体的交

---

① 陈志敏：《次国家政府与对外事务》，长征出版社2001年版，第98页。

往同样不可忽视。例如，因历史文化等原因，部分马来西亚民众有反华情绪，所以，如果国际友好城市交往仅交好华人华侨群体，则起不到消除不同文化和民族之间隔阂的作用，民心相通仍然难以实现。作为消除文化交流障碍、促进民心相通的重要方式，国际友好城市交流恰恰需要迎难而上，以润物细无声的点滴力量，促进不同文化的关系破冰。这是国家外交赋予国际友好城市这种半官方半民间外交方式的使命，也是共建"一带一路"背景下国际友好城市工作面临的重要挑战。

（3）认为与各国交往强调相同性有利于拉近彼此距离。广西国际友好城市交往的重点方向是东盟国家，东盟国家与中国具有共同的文化纽带，在对外交往中我们习惯于通过强调相同性来拉近双方的心理距离。然而，在中国这样的大国面前，部分国家（如越南）更注重与中国的差异性而非相似性，对强调双方共性的观点较为敏感和排斥。[1] 作为通过深耕各层级群体推动两国民心相通的重要力量，国际友好城市交往不仅不能犯这样的错误，还要通过对国际友好城市及所在国的深入了解，求同存异，助力我国各类交流主体了解当地、融入当地，这将是一个不小的挑战。

---

① 赵卫华：《越南学者怎样看中越关系》，《世界知识》2019年第15期。

五、矩阵分析

表 5-1　共建"一带一路"背景下的广西国际友好城市建设 SWOT 矩阵分析

	优势（Strength）	劣势（Weakness）
外部因素 内部因素	1. 区位优势； 2. 人文优势； 3. 产业优势； 4. 政策优势； 5. 平台优势； 6. 开放优势。	1. 经济基础薄弱； 2. 发展不平衡； 3. 实质性交往不足； 4. 认识不足； 5. 管理不完善； 6. 未形成合力； 7. 保障不足。
机会（Opportunity）	增长型策略（SO） 依靠优势，把握机遇	扭转型策略（WO） 利用机遇，克服劣势
1. 加强互联互通，缩短国际友好城市时空距离； 2. 搭建机制平台，助力国际友好城市深化合作； 3. 夯实合作基础，拓展国际友好城市合作方向和领域。	1. 利用区位优势和互联互通机遇，重点加强与东盟国际友好城市的交流合作。 2. 通过人文交流平台，加强与东盟国家各类群体的民间友好合作。 3. 用好国家政策平台，拓展合作领域，将国家战略与地方发展相融合。 4. 加强与东盟国家在优势产业的合作。 5. 打造具有各地特色的友城名片。	1. 用好互联互通加强与国际友好城市的经济合作。 2. 用好机制平台拓展与国际友好城市在更多领域的实质性合作。 3. 提高国际友好城市对"一带一路"倡议的战略意义的认识。 4. 外事部门积极为各部门各行业提供国际友好城市平台开展合作，发挥"大友城合力"。 5. 用好开放平台机制培养外事人才和提升市民对外交往能力。
威胁／挑战（Threat）	多种经营策略（ST） 依靠优势，回避挑战	防御型策略（WT） 弥补劣势，回避挑战
1. 地缘政治风险与制度性合作的挑战； 2. 经济效益和经济成本的挑战； 3. 跨文化融合的挑战。	1. 以深耕东盟国家国际友好城市为主要方向。 2. 用好华人华侨、留学生资源，深化国际友好城市交流与合作。 3. 用好优势领域加强与东盟的经济合作。 4. 加强对区内外"一城一策"的研究，差异化发展合作。	1. 加强对内对外的调研，为深化合作奠定基础。 2. 与国际友好城市交往形成机制。 3. 建立风险防范机制，及时关注国际友好城市动态。

通过 SWOT 矩阵分析，可以看出"一带一路"背景下的广西国际友好城市建设所具有的优势和劣势以及所面临的机遇和威胁。借助矩阵分析形成的 SO、WO、ST、WT 四种策略组合，我们可以将影响广西国际友好城市工作的有利因素与外部机遇相结合，将创新路径重点放在增长型策略和多种经营策略上；同时，利用扭转型策略和防御型策略来规避风险和弥补不足，根据广西国际友好城市工作现状提出有针对性的发展对策。在"一带一路"背景下的广西国际友好城市建设过程中，既要发挥优势、弥补劣势，也要把握机会、努力应对各种外来挑战，综合运用策略组合，推动国际友好城市工作高质量发展。

第六章

国内部分省区国际友好城市建设经验

为给广西国际友好城市提出更好的对策建议和提供未来发展方向的启发，在此选取了国际友好城市工作较为典型且对广西具有借鉴意义的云南和江苏两个省份，分析其先进经验。

一、云南省国际友好城市建设经验

云南省与广西相邻，两省同为西部省份、经济体量相当、都毗邻东南亚国家、都是国内少数民族较多的省份、生态优势显著等，具有诸多相似性又各具特色。近年来，云南省友协工作成效显著且富有亮点，对广西国际友好城市发展具有一定借鉴意义。在此将对其经验进行提炼，以期为"一带一路"背景下的广西国际友好城市建设提供指导。

截至 2024 年 10 月，云南省共有国际友好城市 94 对。云南省以国际友好城市和民间外交为两大引擎，集中打造了"心联通 云南行"、边民大联欢等一批亮点突出、成效显著的品牌项目，整合各方力量、盘活优势资源、拓宽合作渠道，率先在全国出台民间外交制度措施，不断加强全省友协系统体制机制建设，立足东盟和周边深入开展民间外交工作，加强国际传播能力建设，服务周边外交和地方经济社会发展。

（一）明确定位发挥优势，成立"一带一路"国际友好城市合作联盟

中老铁路是"一带一路"标志性工程，自 2022 年开通运营以来，助推滇老各领域交流合作取得丰硕成果。云南省作为中老铁路途经的中国唯一省份，且是全国与老挝相毗邻的唯一省份，具有得天独厚的区位优势，在推动"一带一路"沿线国家城市"硬联通"与"软联通"衔接方面，也肩负着重要的

使命和责任。因此，云南省明确自身定位，聚焦中老铁路，通过推动沿线城市加入昆明国际友好城市旅游联盟的方式，将国际友好城市与"一带一路"元素相互嵌入和融合。

2017 年，为推进澜湄旅游合作，昆明市牵头成立"昆明国际友好城市旅游联盟"。联盟会员城市按照平等、互利、自愿原则，协调解决合作与发展问题，实现优势互补、互利共赢，共同打造对外开放包容的国际旅游市场，共同推进国际友好城市间的友好交流合作。2021 年中老铁路正式开通运营，为沿线地区旅游产业合作发展按下加速键。截至 2022 年 11 月 27 日，联盟已有昆明市、德宏州、迪庆州、红河州、丽江市、西双版纳州、大理州、普洱市等 8 个云南热点旅游州市，以及马来西亚古晋南市、柬埔寨金边市、尼泊尔博克拉市、老挝万象市、缅甸仰光市、老挝琅勃拉邦市等 6 个国际友好城市。作为区域性国际旅游联盟组织，昆明国际友好城市旅游联盟以旅游政策沟通、旅游线路共建、游客资源共享、旅游设施完善、旅游市场互惠、旅游信息共享、旅游人才培养为宗旨，促进会员城市人民增进友谊、加深理解、促进合作。自成立以来，联盟发展愿景不断付诸实践，对国际友好城市的吸引力进一步增强，也为澜湄旅游城市合作提供了丰富经验。

（二）深耕民生务实推进，促进"一带一路"国际友好城市民心相通

云南省将国际友好城市合作与"心联通 云南行"工程"小而美"民心公益项目相互嵌入，充分调动各方力量，推动央地合作，配合国家重大项目，促进了云南与相关国家从互联互通的"硬联通"到"软联通"再到"心联通"，得到国内外各方的认可和点赞，形成了可复制的成功经验，产生了广泛的社会效应和经济效应。

2022—2023 年，92 个"心联通 云南行"项目共惠及 17 个国家的 48 个社区、村寨以及 153 所大、中、小学，直接或间接受益人群达 260 多万人。

项目内容涵盖绿色发展、医疗卫生、农业科技、文化艺术、青年交流、妇女能力建设等多个领域。项目地民众表示，中国的"一带一路"是看得见、摸得着的，是我们身边的水和电、路和桥，是增加的收入、改善的生活。该项目让"一带一路"沿线民众有了实实在在的获得感，架起了云南人民与周边国家人民心相印之桥，为共建"一带一路"和构建周边人类命运共同体注入了正能量。

（三）多方动员统筹资源，汇聚"一带一路"国际友好城市建设力量

云南省注重多层次开展全省民间外交和国际友好城市工作，通过助推社会组织"走出去"，强化自身体制建设，推动形成"大协同"工作格局，为广西国际友好城市工作开拓行业领域、统筹社会资源、汇聚民间力量、形成"大国际友好城市"格局拓宽了思路。

1. 助推社会组织"走出去"

云南省自2023年起鼓励和支持社会组织积极申报参与实施"小而美、见效快、惠民生"的"心联通　云南行"项目，以民意沟通、民间友好和民生合作为重点，助力周边命运共同体建设。根据云南省民间外交指导意见配套的工作措施，在发布的2023年"心联通　云南行"项目申报通知和项目管理办法中明确了支持社会组织"走出去"的重点领域和区域，在项目申请、资金使用、支持社会组织在境外设立分支机构等方面推出创新性措施，给予政策倾斜，鼓励社会组织"走出去"。对于在境外注册设立办事处的社会组织，每年给予10万元、不超过3年的业务经费支持；同时对于由我驻外使（领）馆、云南省驻外商务代表处或受援地政府及受援单位出具推荐函申报的项目，给予不超过项目总费用20%的项目管理费等。2023年，省内近20家社会组织先后参与了"心联通　云南行"项目的申报。其中6家社会组织分别获得了在柬埔寨、缅甸和老挝开展项目的资金支持，3家社会组织分别获得了在境

外设立分支机构的业务经费支持。相关组织共同参与实施人力资源培训、民生工程、生态环保等方面的项目，从民间角度对外讲述中国故事，传播中国声音，充分展示真实、立体、全面的中国。

2. 加强系统上下联动

一是以顶层设计整体谋划，规范全省民间外交工作。云南省立足民间外交工作重点难点问题，在全国率先制定出台了进一步加强新时期民间外交工作的指导意见及相关政策文件，从政策、措施、制度等层面对全省民间外交工作作出部署，出台《云南省进一步规范边境友好村寨结好管理办法》《心联通 云南行项目管理办法（暂行）》等一系列政策举措，为全省民间外交工作提供准则和规范。强化对全省民间外交工作的谋划布局，制订国际友好城市工作五年行动计划，一体部署民间外交和国际友好城市工作，出台《云南省国际友好城市工作五年行动计划（2023—2027年）》，加强全省国际友好城市工作"一盘棋"建设。二是建立"沿边＋内地"友协"结对子"机制，助推各地友协互帮互助。2023年，内地州市外办（对外友协）与边境州市外办（对外友协）分别结对共建，签署7份合作协议。不仅两两城市之间结对共建，中老铁路沿线四州也签署外事工作协调合作协议书。通过结对共建和签订合作协议，资源共享、互帮互助，凝聚友协力量推动民间外交工作的发展。三是以数据库为平台，整合全省民间外交资源。云南省友协开发了"云南省民间外交数据中心及管理信息系统"，集成各地民间外交数据，通过注册用户不同权限，展现不同的讯息页面和工作资料页面，成为系统内工作人员开展工作、沟通交流和信息共享的平台。

（四）内外联合加强宣传，讲好"一带一路"友好交往故事

为发挥独特区位优势，创新外宣机制，建强外宣平台，加快推进区域性国际传播能力建设，讲好美丽中国七彩云南故事，云南省友协通过主动宣传友好交往故事、与省政府新闻办建立常态化交流机制、在大型活动中将国际

媒体"请进来"等方式，实现了日常宣传深入人心、重点宣传亮点出彩的效果，不断扩大对周边国家的影响力。

1. 建立独立的对外友好工作宣传平台

独立于云南省外事办的政务网页之外，云南省对外友协主页于 2022 年 11 月上线，专门展示云南省对外友好工作的总体情况，成为中外群众了解云南友好交往的窗口和省友协与社会群体互动的平台。一是宣传内容及时完整。网页框架搭建完善，整合了全省各地的友协工作讯息，各类信息分门别类、脉络清晰，既在空间上覆盖了云南省各地各类友好交往活动，又在时间上记录了友好交往活动的前期预告、中期报道和后期总结。以"国际友好城市展示"栏目为例，国际友好城市以动态地图的方式，直观呈现云南省国际友好城市在世界各地的分布情况。国际友好城市关系明确分为国际友好城市、友好关系城市、友好村寨三类，并可按大洲（六大洲）、区域（"一带一路"沿线国家、澜湄合作国家、RCEP 国家）等类别展示国际友好城市分布情况，满足了不同群众的浏览需求。此外还展示了近期国际友好城市合作动态（本年度重点宣传城市、本年度新增国际友好城市、签意向书正推进国际友好城市、近期国际友好城市交往大事记、各地活动等），国际友好城市活动预告（本月国际友好城市重要活动提示、重要活动预告、活动申报等），方便群众根据自身需要报名参与国际友好城市活动，并及时了解国际友好城市交流进展。二是宣传对象内外兼顾。网页可切换中、英、法、日四种语言，且外语网页与中文网页一一对应，破解了因语言不通造成中外相互了解困难的第一道障碍，不仅考虑了国内群众的感受，也为外国友人提供了了解云南省对外友好交流情况、寻找交流合作契机的途径。多语言网站也成为向世界各国展示云南形象的重要窗口，为助力云南成为国际化城市添砖加瓦。三是宣传方式富有"温度"。网页报道的宣传方式丰富多样，吸引不同的人驻足观看。在宣传视角方面，不仅有官方正式的报道，还有各领域参与友好交往的普通群众的图文记录。例如，从国外国际友好城市交流访问回来的青年撰写心得体会，向两地市民生动展现交流期间的友好情感、秀美风光和学习收获，直观展现国际友好城市交流促进民心相通的成果。又如，云南媒体对外国来华参观的国际友好城市青年进行跟进报道，从国际友好城市市民的视角记录对中方城市的了解、参观过程中心路历程的变化，展现国际友好城市交往如何搭建起两地交流的友谊之桥。这样的国际友好城市宣传既生动活泼，又具有人文"温度"。在宣传方式方面，运用了群众喜闻乐见的传播媒介和元素。例如，在"爱云南"短视频和征文比赛优秀成果发布仪式上设立直播间，在直播中揭晓比赛结果。活动报道展示的图片充满趣味，例如两国小朋友学唱戏时开怀大笑的照片，云南省医生帮国际友好城市市民做白内障手术的工作照片，术后患者与医生开心合影的照片，边民联欢演出的短视频，等等，看起来充满趣味、打动人心，吸引更多群众主动关注中外友好交往的故事。

2. 加强与省新闻办的交流合作

云南省政府新闻办与省对外友协积极对接民间外交宣传需求，加强合作共同举办国际论坛、开展国别研究、策划"小而美"民心工程等系统性宣传工作，形成外宣助力外事、外宣赋能经济的合力。双方在常态化联系工作机制下加强工作层面的沟通交流，共同策划、相互借力，实现活动与宣传两条腿走路，外事与外宣双推进。近年来，省政府新闻办对省对外友协的品牌民间交往活动给予支持，带动各州（市）政府新闻办讲好国际友好城市工作故事，加大对国际传媒官的培养力度，用"外嘴""外笔""外媒"宣介云南发展成就，服务辐射中心建设和全省经济社会发展。例如，省政府新闻办积极支持省对外友协开展的"爱云南"、周边三国"边民大联欢"等活动，扩大了宣传，取得了明显成效，大幅提升了国际友好城市工作影响力。

3. 加强与国际媒体的合作

云南省十分重视加强友好交往活动的国际传播，打造多项国际传播项目和品牌，不断提升周边外交的影响力。一是打造"云南·有一种朋友叫国际友好城市"国际传播项目。在"一带一路"倡议提出十周年之际，省对外友协与云南省南亚东南亚区域国际传播中心携手合作，推出"云南·有一种朋友叫国际友好城市"系列宣传活动，从国际友好城市的视角，通过 20 对国际友好城市故事讲述国际友好城市情缘、接续合作的中国故事云南篇章，讲述云南对外开放的历程和各族人民跨越发展奔小康的故事。二是开展"访云南看中国"品牌项目。云南省外办先后组织多批次 300 余名外国记者深入企业、高校、媒体机构、村寨和田间地头，零距离观察采访，感受人与自然和谐共生、各民族共同富裕的成就，通过外国记者的笔尖和镜头，向国际社会讲述中国式现代化的云南实践。该项目入选 2023 年外交部地方特色外事品牌活动。三是开展边民大联欢品牌宣传。云南省对外友协将大联欢活动作为讲好"中国故事""云南篇章"的重要抓手，制定宣传工作方案，邀请媒体现场参与，主动喂料供稿，以事前预热、事中传播、事后回顾的方式发布消息。以2022 中老边民大联欢活动为例，中央电视台新闻频道、云南广播电视台、云南日报、中新社、中国日报、云南网等中方央地媒体，老挝国家电视台、万象时报、新万象报，万象省、南塔省、乌多姆塞省、丰沙里省等地的新闻媒体对活动进行了报道。累计超过 1 万名中外网友在线观看联欢直播节目，有力地发出了中老、滇老友好的声音，形成了良好的舆论效应。四是策划组织"国际传媒官"沿中老铁路采风活动。2022 中老边民大联欢活动举办前夕，云南省对外友协联合南亚东南亚区域国际传播中心组织 6 位来自老挝、越南、美国、马里的国际传媒官沿中老铁路采风踏访，围绕中老铁路通车一周年来的变化边走边看边聊，了解合作发展的故事，感受朋友相聚的情谊。通过亲身体验，国际传媒官们纷纷表示，中老铁路是"发展之路、合作之路、绿色之路"。五是打造"爱云南 iYunnan"活动品牌。云南省人民对外友好协会着力打造"爱云南 iYunnan"这一创新性民间友好交流品牌，邀请外国友人积极参与滇外民间友好交流活动，继续用镜头和笔头，记录和云南的动人故事，展示与云南的不解情缘。活动分别作为 2022 中国国际旅游交易会系列活动之一和 2023 年中柬建交 65 周年系列活动之一，得到 37 个国家外国友人的积极响应，共收到 200 余个短视频、征文和才艺作品。通过外国人的视角和镜头，向世界展示了云南好山、好水、好生态，传达了云南多元、开放和包容的姿态。该活动被 60 余家境外媒体宣传报道。

二、江苏省国际友好城市建设经验和未来发展方向

江苏省国际友好城市数量多年持续保持全国第一，是全国国际友好城市工作最活跃的省份，其国际友好城市工作在全国国际友好城市工作中具有标杆地位，未来的发展方向也为国内各省国际友好城市发展提供了指引。因此，江苏省国际友好城市建设的先进经验值得广西学习和借鉴。

截至 2024 年 10 月，江苏共缔结 367 对国际友好省州和城市，总体数量继续稳居全国第一，遥遥领先于位居第二的山东省（211 对国际友好城市）。实现了对全球主要经济体、新兴经济体和区域性大国的全覆盖。江苏国际友好城市工作与改革开放同步。1978 年，改革开放初期，经中央批准，南京市与日本名古屋市缔结为友好市，这是江苏第一对国际友好城市，也是《中日和平友好条约》签订后，中日两国间缔结的第一对友好城市。1979 年，江苏省第一对省级国际友好城市——江苏省与澳大利亚维多利亚州，缔结友好省州关系。国际友好城市活动的蓬勃发展得益于改革开放，并推动了改革开放。自建立第一对国际友好城市以来，江苏积极开展对外交往，拓展与世界各国的交流范围。历时 40 多年，江苏的国际"朋友圈"取得丰硕成果，国际友好城市数量连续多年居全国第一。进入新时代，"一带一路"倡议为国际友好城市合作指明了新方向，拓展了新空间，创造了新机遇。近年来，江苏省积极参与"一带一路"建设，发挥地处"一带一路"交汇点的独特优势，重点开展与"一带一路"沿线国家的地方交流，建立友好关系。未来，江苏将不断加强国际友好城市建设，以高水平开放推动高质量发展。

（一）共建“一带一路”引领江苏国际友好城市交往

共建“一带一路”为江苏国际友好城市工作提供了根本遵循，指明了发展方向，拓展了新的合作领域。在丝路精神指引下，江苏国际友好城市合作迸发出前所未有的生机与活力。一是设施联通拉近国际友好城市空间距离。“一带一路”倡议提出以来至 2022 年 7 月 5 日，江苏累计建成亿吨大港 10 个，开通国际近远洋航线 79 条，港口综合通过能力达 21 亿吨。组建江苏国际货运班列公司，开通中欧、中亚线路 23 条，累计开行量突破 10500 列。在江苏的荷兰国际友好城市北布拉邦省，中欧班列“江苏号”南京至蒂尔堡线路实现双向对开，成为中欧之间重要的物流通道。二是贸易畅通深化国际友好城市利益交融。江苏对“一带一路”沿线国家和地区进出口总额年平均增长 9.2%（累计总额达 7.5 万亿元），2021 年达 1.32 万亿元。截至 2021 年底，“一带一路”沿线国家和地区在苏实际使用外资 223.2 亿美元，江苏赴沿线国家和地区协议投资额超 225 亿美元。在江苏的柬埔寨国际友好城市西哈努克省，江苏企业投资建设西港特区，入驻企业 174 家，创造就业岗位近 3 万个，对当地经济贡献率超过 50%。三是民心相通厚植国际友好城市友好根基。江苏与共建“一带一路”沿线国家广泛开展文化、医疗、教育等领域交流合作，持续打造“水韵江苏”“健康江苏”“赛事江苏”“留学江苏”“智汇江苏”“友好江苏”六大人文交流品牌，夯实人民间友好的民意基础。“十三五”期间沿线国家来苏留学生近 9 万人次，江苏高校境外办学项目达 55 个，累计派出医疗队 70 批、1150 人次，累计救治受援国患者 980 万人次。

（二）高质量推动新时代江苏国际友好城市工作

江苏省将充分发挥自身国际友好城市数量多、活跃度高的优势，积极用好各类资源，持续拓展“朋友圈”，扩大利益“交汇点”，不断推动新时代全省国际友好城市工作高质量发展，为服务国家总体外交大局和江苏高质量发展贡献更多力量。

1. 进一步优化国际友好城市工作布局

当今世界正经历百年未有之大变局，国际形势发生了深刻复杂的变化。要加强对全省国际友好城市工作的形势研判和总体谋划，科学优化全球国际友好城市布局，更高水平推动国际交流合作。要以服务元首外交、重要方向外交运筹为主线，集中力量推动江苏省 5 对习近平总书记见证签署的国际友好城市的交流合作；深度融入共建"一带一路"，重点在上合组织成员国、金砖国家、东盟国家和太平洋岛国 4 个方向实现国际友好城市工作新突破。要以服务江苏省经济社会发展和高水平对外开放为导向，围绕打造具有世界聚合力的双向开放枢纽，持续推动与各国综合实力强、互补程度高的省州和城市缔结国际友好城市关系。要切实增强国际友好城市布局与江苏省海外利益分布的关联性，围绕江苏省企业、项目、人员海外利益集中地，积极发展与当地地方政府的友好关系，切实维护江苏海外利益。

2. 进一步深化国际友好城市务实合作

我国发展进入战略机遇和风险挑战并存、不确定难预料因素增多的时期，要不断深化与世界各国各领域的务实合作，以高水平开放推动高质量发展继续走在前列。要深化经贸合作，推动与国际友好城市开展贸易投资合作，推动更多江苏产品、服务、品牌和标准走向国际市场，吸引国际友好城市知名企业和优质项目落户江苏，提升投资水平。充分发挥江苏—德国巴符州经济技术混合委员会、江苏—澳大利亚维州联合经济委员会、江苏—荷兰北布拉邦省联委会等国际友好城市机制作用，推动经贸合作项目实施。要推动科技创新合作，积极开拓江苏省与科技创新强国地方政府友好城市关系，开展产业研发合作，引进知名科研院所和跨国公司来江苏设立研发机构，推动在国际友好城市组建江苏省海外人才创新创业联盟，引进海外优秀科技人才和项目，促进企业自主研发和技术创新。要深化人文交流合作，实施"一带一路"人文交流品牌塑造计划，推动"水韵江苏、健康江苏、赛事江苏、留学江苏、友好江苏"品牌走进国际友好城市，推动各市与重点国际友好城市打造"一城一品"，深化人文交流。

3.进一步夯实国际友好城市民心基础

国之交在于民相亲，国家关系归根结底是人民之间的关系。江苏与世界各国国际友好城市连点成线、织线成网，成为推动中国与世界各国人民跨越文化差异、相知相亲的重要平台。要进一步发挥中美国际友好城市大会、江苏省国际友好城市交流周等重要国际友好城市活动平台的作用，搭建中外民间友好桥梁，深化人民友谊、推动民心相通、实现互利共赢。要推动建设国际友好城市资源数据库，系统梳理江苏省国际友好城市重点项目、重点组织（机构）、重点人脉等重点工作资源，加强工作投入和感情融入，拉紧人脉资源。要加强与国际友好城市民生领域的合作，持续打造青年菁英、惠农减贫、健康同行和利民暖心四大民生项目品牌，助力改善当地民生，筑牢友好民意根基。要加强基层、民间、青年等重点层面交往，推动建立友好学校、友好医院等友好单位。要加强国际友好城市宣介，推动在双方市民公园、纪念馆等场所融入和宣传国际友好城市元素，着力提升双方民众对国际友好城市关系的知晓率、参与率、支持率，夯实民间友好基础。

第七章

"一带一路"背景下加强国际友好城市建设的对策建议

　　当前，为深入贯彻落实党中央赋予广西的重大使命，广西正在加快打造国内国际双循环市场经营便利地，深度融入共建"一带一路"，以高水平开放促进高质量发展，更好服务党和国家对外工作大局。作为以高水平开放促进高质量发展的重要平台，广西国际友好城市工作要结合新时代要求，解放思想、与时俱进，在顶层设计、政策举措、工作机制、资源利用、内容方式、要素保障、宣传推介等方面发力，既要立足当前做好工作，又要有前瞻性的思考，统筹考虑短期应对和中长期发展，久久为功，推动国际友好城市工作由高速增长转向高质量发展。

一、解放思想与时俱进，推动国际友好城市工作高质量发展

（一）各级地方政府应加大对国际友好城市工作的重视力度

　　国际友好城市是国家总体外交在地方的延伸，也是城市外交的主要形式，在外交、经贸、文化等方面都具有重要的促进作用。树立正确的观念是做好国际友好城市工作的前提，国际友好城市工作只有得到各级领导、各部门负责人以及全社会的广泛认可与高度重视，才能真正发挥出潜力。各级外事部门既要向领导详细介绍国际友好城市工作的意义，争取党委政府对国际友好城市工作的支持，也要向全社会广泛宣传国际友好城市工作的内容，加深社会各界对国际友好城市工作的认识，形成合力，取得实效。各个部门应当提升对国际友好城市合作的重视程度，充分认识到国际友好城市合作是广西对外开放工作中的重要组成部分。各级地方政府主要领导应意识到国际友好城市的重要意义，将国际友好城市作为广西经济社会发展和对外开放的重要手段，不断加强友好交流，塑造城市在世界各地的良好品牌形象。

（二）把握服务国家总体外交和地方经济社会发展的原则

根据中国人民对外友好协会制定的《友好城市工作管理规定》，国际友好城市工作的宗旨主要体现在两个方面：一是配合国家整体外交的需要，增进人民友谊、维护世界和平。二是服务双方经济社会发展，推动双边国际合作，促进经济社会共同发展。地方政府在开展国际友好城市交流工作中要准确定位，牢牢把握这一工作原则。一方面要把握国际形势，积极配合国家总体外交的需要。我国在不同时期的外交政策是不同时期对外交往工作的指导方针，是实现国家总体战略的需要。积极配合中央的整体外交战略，为国家的大外交服务，是地方政府国际友好城市工作义不容辞的责任。要创造国家整体利益和地方经济社会发展的局部利益和谐统一的环境，赋予国际友好城市工作为国家总体外交服务的职能。另一方面要友好当先，注重实效。国际友好城市交流形式最贴近城市基层、最贴近百姓生活，在推动社会进步、经济发展、加强国际友好城市间人民相互了解和增进友谊等方面发挥着不可替代的作用。国际友好城市工作必须强调友好，这是由国际友好城市工作的宗旨决定的。友好工作是经济合作的前提，互利是经济合作的基础，友好工作能够推动和促进经济合作；经济合作能提高友好工作的实效，给友好工作注入新的生机和活力，所以，友好工作和经济合作是国际友好城市工作中密不可分的两个方面，不可偏废。

（三）"一带一路"背景下国际友好城市工作需转变观念

一是交流合作从以发达国家为主转向兼顾发展中国家。目前我国开展城市结好的对象主要是欧美日等发达国家或地区的城市，推进"一带一路"建设尚未充分利用国际友好城市这张"牌"。[1] 随着"一带一路"的深入实施，

---

[1] 屠启宇等：《"一带一路"沿线国际城市网络与中国"走出去"战略支点布局》，社会科学文献出版社2023年版，第369页。

国家外交层面正在不断增加对"一带一路"沿线城市合作的投入，现在已经有"一带一路"峰会等平台机制。全国友协目前已在这些机制下建立或正在推动建立友好城市的合作机制。广西应该主动参与到这些国家层面的外交框架安排中，重点发展与沿线支点城市或重要节点城市的友好交流与合作，将之看作对未来的投资。二是从追求数量增长转向质与量并重。国际友好城市合作的开展，不应刻意追求数量的增长，应允许国际友好城市数量在全国的排名出现浮动。要扎实提升现有国际友好城市的质量，准确评估每年维护国际友好城市关系所需的资金和人员，与现有条件作对比，衡量国际友好城市应稳健发展还是快速推进，并将本级国际友好城市置于全区和全国的大背景下了解其所处位置和发展情况，以明确发展目标。三是从仅关注城市自身发展转向树立参与全球治理的理念。"一带一路"倡议是一个共商共建共享的开放式平台，我国各城市不仅要实现自身的发展以提高全球竞争力，更要在参与全球性事务的过程中推动全球政治经济秩序合理化。在扶贫减贫、绿色发展、气候治理等方面，中国的城市应当树立全球意识，在共建共享理念的指引下，将中国经验与更多"一带一路"国际友好城市分享，助力"一带一路"沿线国家的发展和推动构建人类命运共同体。

二、立足定位优化布局，助力"一带一路"行稳致远

（一）明确自身定位

1. 在面向国外方面，广西具有面向东盟的开放优势，应重点发展东盟国家的国际友好城市

根据 SWOT 章节中的分析，广西发展国际友好城市，具有沿海和沿边的优势，这给"一带一路"背景下的广西国际友好城市工作明确了定位，一是

发展方向以东盟国家为主，相近的地理位置将降低国际友好城市交往的成本，且具有更为相近的文化背景。二是合作城市类型应陆海兼顾，既要积极发展沿边城市尤其是口岸城市的国际友好城市，为边境和平稳定和经济社会发展作贡献，又要注重发展北部湾城市与北部湾连接的6个国家的沿海港口城市之间的友好往来，推动向海经济的发展。三是用好"一带一路"框架下的互联互通建设成果发展国际友好城市，如中南半岛经济走廊、与东盟国家海陆空互联互通的交通网络等。

2. 在国内定位方面，广西应与云南差异化发展国际友好城市

云南与缅甸、越南、老挝三国接壤，与广西一样具有与东盟往来较为便利的地理位置，在经贸往来、人文交流等方面也与东盟国家具有深厚的合作基础。此外，部分国际友好城市也同时与两省结好，例如云南、广西分别与缅甸仰光省是友好省份关系，云南省西双版纳州、广西分别与老挝琅勃拉邦省是国际友好城市（友好省份）关系。因此，广西与这些国际友好城市开展合作前，应及时关注云南与该国际友好城市的发展动态，主动与云南加强沟通，结合各自优势差异化发展与该国际友好城市的合作领域，实现相互配合、相互补充。例如，沿着广西"向海而兴、向海图强"的发展方向，深化向海开放合作，加强与海上丝绸之路沿线城市、港口的友好交往。用好中国—东盟博览会、中马"两国双园"等开放发展平台载体，建立更多国际友好城市合作机制。在共建"粤港澳大湾区—北部湾经济区—东盟"的跨地域跨省跨境开放发展中，与国际友好城市聚焦产业链、供应链、创新链联动，推动实现开放联动发展。

3. 在结合广西区情方面，要立足实际规划国际友好城市工作

广西国际友好城市的定位要置于中央对广西对外开放的定位中谋划，才能更好助推广西经济社会发展和服务国家总体外交布局。打造国内国际双循环市场经营便利地是党中央赋予广西的重大使命，国际友好城市建设要积极围绕广西出台的《关于加快打造国内国际双循环市场经营便利地的决定》，在推动广西投资、贸易、消费、资金流动、人员往来、物流畅通等领域的全方位全过程便利化中贡献力量，助推国际友好城市各类要素资源在广西高效集聚、优化配置、便捷流动。

（二）优化全球布局

1. 优化布局的思路

一是对发展方向的考虑。广西国际友好城市工作除了重点发展东盟国家的国际友好城市，还必须顾及一定的面，这就需要包含经济发达的西方国家和经济欠发达的发展中国家，尤其是"一带一路"沿线国家。在与发达国家国际友好城市结好方面，主要开展经济和技术方面的合作，要先了解广西城市缺什么、擅长什么、未来想发展什么，有目标地寻找能够开展经济合作、技术合作、人员培训的发达国家城市。在结好发展中国家城市方面，优先发展"一带一路"沿线支点城市或重要节点城市，以及政局稳定、对华友好、互联互通的城市。部分"一带一路"沿线国家经济合作可能性小，尽量不要因为困难就放弃交往，要明确对方定位，以开展民生、卫生和减贫等领域的合作为主，并运用好信息技术手段加强"云"上交流和开展活动，减少沟通成本。二是对网络布局的考虑。通过合理布局使国际友好城市和其他的城际交往在地区方向形成网络，增强国际友好城市交往的联动效应。应遵循"点—线—面"的发展逻辑，有步骤地推进与重点区域、重点方向的支点城市结为国际友好城市，强化空间协同，释放规模经济效益，推动区域统一市场不断形成，促使要素资源在更大空间的集聚、流动与整合。自治区层面应结合广西区情给予各城市指导和引导，为各市国际友好城市的发展方向提供参考，各市也应配合自治区对外开放布局、结合地方实际选取合适的国际友好城市优先发展。三是对节点城市的选择。2015年3月，我国发布的《推动共建丝绸之路经济带和21世纪海上丝绸之路的愿景与行动》明确了"一带一路"沿线城市的战略价值，提出"以沿线中心城市为支撑"和"海上以重点港口为节点"的推进思路。广西可围绕沿线中心城市和海上重点港口所在城市或周边城市，选择一些对于整个"一带一路"网络而言至关重要的战略支点、城市和关键走廊上的新兴战略支点，包括港口、口岸、园区等，作为结好国际友好城市的优先选择城市，利用"一带一路"的成效发展国际友好城市，并推动重塑"一带一路"沿线城市网络深度融入全球化。[①]

2. 优化布局的实践

一是根据广西参与"一带一路"对外开放战略布局的空间谋划发展国际友好城市。进一步扩大和深化同东盟的开放合作，扩大和深化同金砖国家的开放合作，拓展与欧美日韩的开放合作，扩大和深化与南亚国家的开放合作，拓展与非洲国家的开放合作。[②] 二是用好广西"一带一路"互联互通的机遇发展国际友好城市。优先发展西部陆海新通道形成的立体高效的交通网络上的国际友好城市，通过水、陆、空综合立体交通运输网络的布局和基础设施建设，为广西与国际友好城市进行人员和货物往来提供便利。发展边境口岸的国际友好城市，发挥口岸的对外窗口和开放平台作用提升与国际友好城市的交往效能。发展中国—东盟港口城市合作网络中的港口城市，促进中国—东盟港口所在城市间的交流，让更多的城市和机构受惠于港口城市友好合作，共享海上丝绸之路的互利共赢。发展中国—东盟信息港建设布局中的国际友好城市，为双方在数字信息领域的深入合作提供支撑。

---

① 屠启宇等：《"一带一路"沿线国际城市网络与中国"走出去"战略支点布局》，社会科学文献出版社2023年版，第3页。

② 张家寿：《广西参与"一带一路"对外开放的战略布局》，《桂海论丛》2015年第5期。

三、因地制宜分类施策，推进各地国际友好城市协同发展

（一）加强内外调研，知己知彼推动互惠互利

一方面，要加强对内调研，摸清广西的区情和"家底"。只有做到对本地区的正确认识，才能在国际友好城市交往中抓住重点，开展富有成效的交流与合作。这要求外事部门组织不同层次的调研课题，深入了解本地区的经济、社会、科技发展的基本状况和招商引资重点项目，为国际友好城市工作、各部门对外交往提供工作思路和科学决策。另一方面，要加强对外调研，注重国别研究和市别研究。通过对相关文件资料、图书、网站进行查询，国际友人的介绍以及国际友好城市有关社会中介、商会等渠道，尽可能多地了解国际友好城市所在国家和国际友好城市本身的历史文化、社会发展、经济状况，特别是具有开展国际经贸合作能力的国际友好城市大企业的情况，努力寻找双方的利益交汇点，开发出双方互惠互利的项目。对希望与我方结好的城市，也应该加强调研，包括对方对国际友好城市工作的认识、人文地理、经济实力、产业结构、政治态度等情况，都要做到心中有数，以便我方合理地选择目标城市以建立国际友好城市关系。选择国际友好城市可以以 5 个因素为标准：作为基础条件的生态环境、作为必要保障的政局稳定、作为活力源泉的商业贸易、作为助推动力的多元文化和作为支撑条件的交通驿站。[①]

（二）科学编制规划，立足长远推动有序发展

一是外事部门要从长远出发，按照本地区产业发展要求，根据国家总体

---

① 屠启宇等：《"一带一路"沿线国际城市网络与中国"走出去"战略支点布局》，社会科学文献出版社2023年版，第8页。

外交需要和本地区对外开放实际，对国际友好城市工作进行统筹规划，充分考虑城市地位相称性、经济交流合作互补性和可持续性，以及政治、经济、社会、历史文化、地缘等因素，重点选择与广西城市在产业结构、社会发展等方面具有较强互补性的国外城市开展国际友好城市工作。二是建议按照由近及远、先易后难、循序渐进的方针，以更积极的姿态对外结好，将国际友好城市合作由双边向多边拓展，以适应世界城市合作新趋势，并与国际友好城市所在的国际或区域性组织、跨国公司建立高层次协调机制和联系，调动官方、民间和研究机构的积极性与智慧，建立全方位的对外开放格局，以拓宽国际交流与国际合作的渠道。三是主动对接国家、自治区发展战略。把发展国际友好城市置于"一带一路"建设、"中国—东盟"博览会、中国—中东欧"17+1"合作、"中非合作论坛"、"中拉论坛"等国家重大外交战略全局中考虑，着重结合自治区中心工作和产业发展特点，按照"布局合理、重点突出、注重实效"的原则，在对国际友好城市工作进行统筹规划时注重加强与发展战略的对接。

（三）分类管理目标，强化指导推动有力实施

一是滚动制定国际友好城市三年或五年行动计划，明确阶段管理目标。自上而下引导全区和各市国际友好城市管理部门制定本地本部门的三年或五年国际友好城市管理目标，由易到难，拉开梯度，增强管理工作的针对性和目的性，逐步扭转工作随意、年终突击的局面，以阶段目标为引导，建立国际友好城市管理工作的长期长效机制，年年递进，逐年巩固扩大管理效应。二是制定"一城一策"，定制个性化管理模式。以单个友好城市为单位，全面梳理、评估上一年国际友好城市间交往质量，按照"活跃"、"较好"和"欠活跃"三级归类，制作国际友好城市档案，记录交往过程中的重大事件，明确双方对接联系机构和联系人，根据双方交往特点，列出当年交往重点事项，因"城"制宜，一城一策，从微观层面加强对各个国际友好城市交往管理的

目标导向。结合我区对外开放需要和工作重点，全面分析交流基础、产业互补性、合作潜力等，有针对性地选取目标国际友好城市作为年度工作目标，细化分解工作步骤。三是对发展基础不同的广西各地城市进行分类指导。由于地理、历史、经济、开放度等不同，各城市发展国际友好城市的资源禀赋不同，应有针对性地作出分类指导，因地制宜发展国际友好城市。根据本书第四章分为4个类型的城市作进一步分析，对于国际友好城市增速较快但发展基础薄弱的奋起直追型城市（主要为沿边城市，如防城港市、崇左市等），要积极鼓励其利用地理位置优势重点拓展和加深与越南城市之间的友好关系。对于国际友好城市数量和增速均较为缓慢的动力不足型城市（如河池市、钦州市等），要梳理现有国际友好城市的详细情况，在激活"僵尸"国际友好城市的基础上，挖掘地方优势，寻求纵向和横向的联系，寻找合适的国际友好城市进行发展。对于国际友好城市数量和增速均稳步上升的稳健发展型城市（如桂林市、北海市等），要注重提升国际友好城市交往的质量，拓展深化合作领域，通过积极发展"一带一路"国际友好城市助推广西深度融入"一带一路"建设。对于数量较多且增速较快的持续强劲型城市（如南宁市等），要注重发展形成国际友好城市网络，发挥空间溢出效应，积极与"一带一路"沿线国家国际友好城市和地区分享城市治理、减贫脱贫、绿色发展等经验，为推动人类命运共同体作出贡献。

四、建立完善工作机制，确保交往流程完整规范

（一）缔结国际友好城市关系应严格评估机制

在两市缔结国际友好城市之前，我国现有审批评估机制要求提交两市《缔结国际友好城市关系意向书》以及相互交往状况报告，但在实际审批过程中，提交意向书后多数都能获得批准，在这种情况下，部分国际友好城市在

缔结之前并没有进行深入的考察了解，缔结后往往出现无实际项目可推进的尴尬局面，国际友好城市关系自然难以为继。因此，应当建立严格的缔结前评估机制，要求提供两个城市间的调研报告，以及缔结后的具体合作规划和发展计划等，从而提高缔结友好城市的门槛，促进国际友好城市建设向高质量和务实方向发展。要结合国际友好城市本质是民心相通和具有长期性的特点，鼓励各市优先发展与本城市已经有交往历史或群众基础的城市，尽可能避免从零开始，这样可以较快从磨合期进入合作期，也有助于在群众广泛交往的基础上深入开展合作。

（二）与国际友好城市开展交往注重形成机制

1. 建立定期交流机制

国际友好城市之间由于地域远、交通不便、经费有限等原因，不能经常实现互访，但不意味着不能进行深入交流。随着通信信息技术在全球的迅猛发展和广泛普及，视频实时交流对中外双方已非难事。国际友好城市双方要充分利用视频手段，建立线上线下相结合的定期交流机制，通过举办视频会议、开展线上活动等方式，加强双方在经贸、文化、教育、卫生等领域的合作，推动青少年、专业技术人员、企业、社会组织之间的日常交流，通过日积月累建立扎实稳固的民间友好情谊。

2. 建立追踪跟进机制

一方面要对外加强服务。加强对国际友好城市间推介说明会、参观考察、企业对接、引进项目等交流活动的跟踪服务。建立健全交流追踪机制，及时了解合作双方的意愿和面临的困难，积极协调引进工作中存在的问题，争取将更多合作意向转化为实实在在的项目。根据当前合作中出现的问题，及时调整政策，优化投资环境吸引外资，服务于地方经济社会发展。另一方面要对内加强督办。加大对国际友好城市交流活动的后续督办力度，建立督办任务分解台账，以季度为时间单位，设置单位任务目标和追踪反馈的时间节点，建立追踪反馈结果的评价体系，转变前期热后期冷、虎头蛇尾的管理模式，结合专项激励机制，促使国际友好城市工作重视和增加对事后服务的投入，最终有效落实交流成果。

3. 建立风险分析机制

"一带一路"沿线涉及形势复杂地区，国际友好城市交流合作要加强与对方的沟通交流，运用好国别研究、"一城一策"研究的成果，及时跟踪并预警国际友好城市政局动态，分析风险，作出交往状态的预判和制定应对策略。一方面，政局稳定时期谈合作。深入了解国际友好城市的经济社会发展情况，以双边合作文件为统领，挖掘地方优势资源，充分发挥双方合作的窗口期和机遇期优势，以城市经济社会发展为中心任务，以广阔的市场优势和政策优势调动国际友好城市与我方开展交流合作的积极性，确定开展交流合作的领域和方向，选取重点领域深耕细作，加快合作项目落地，以地方国际友好城市间的务实合作服务国家双边关系的深入发展。另一方面，政局动荡时期蓄资源。在国际友好城市政局动荡时期，要保持政治敏感，要防范规避风险，暂缓体量较大的交流合作项目，保护广西在外投资合作企业的海外权益，及时发出风险提示，避免发生大的人员和经济损失；同时寻找契机，尽可能保持与国际友好城市在民间人文领域的交流，防止出现联系中断，夯实友好合作的民意基础。

（三）评价交往成果需建立工作机制

1. 探索建立衡量国际友好城市交往成效的评估体系

一是构建衡量各地开展国际友好城市工作成效的评估标准。国际友好城市提质增效的"质"和"效"如何衡量，应探索建立相应的指标体系，并逐年健全完善。指标应涵盖有关部门参与度、群众参与度、社会知名度、群众满意度、促成项目的数量和金额、签约项目落地率等，以结果为导向提升国际友好城市的建设水平。二是构建衡量国际友好城市活跃度的评估标准。可分为活跃、较为活跃、不活跃三个等级，以 5 年为期，评估国际友好城市的状态，并确定其未来交流合作计划。

2. 建立广西国际友好城市工作激励机制

每 2—3 年召开一次广西国际友好城市工作表彰大会。设立国际友好城市优秀组织奖、优秀国际友好城市工作者奖、民间积极参与奖等奖项，通过召开表彰会，一方面给予一定的实质性奖励，鼓励更多人参与国际友好城市交流；另一方面将典型经验进行推广，有利于广西各地国际友好城市工作人员的交流和经验分享。通过设置国际友好城市工作专项激励机制，激发外事队伍推动国际友好城市工作的积极性、创造性。

3. 建立"僵尸"国际友好城市注销机制

通过对外事部门的调研了解到，多地对于没有实质性联系的友好城市并没有明确规定其处理方式。为进一步激活处于停滞状态的友好城市关系，建议基于较为完善的评估机制，建立友好城市定期注销机制，确立注销的标准，以便城市自我检视与监督。通过建立上述机制手段，从缔结前和缔结后两个层面，提高国际友好城市建设的门槛，增强国际友好城市发展活力，从而促进广西国际友好城市的可持续发展。

五、凝聚合力共享资源，不断完善"大友城"格局

（一）加强外事部门纵向联动

1. 加强与系统上级部门的联系

一方面要主动对接国家级平台。要积极参与全国对外友协的对外交流平台和项目，如不定期举办的"中非友好城市研讨会""中美国际友好城市大会"等针对部分国家的国际友好城市大会，以及我国举办多届的"中国国际友好城市大会"等，使广西国际友好城市工作更快更好地接入国家级平台和

品牌，既能提升现有国际友好城市间交流合作的品质和水平，又能在对外交流互动中更好地对外推介广西独特的资源和优势。另一方面要充分争取全国对外友协对国际友好城市结好的支持。利用全国友协现有的资源和渠道，为广西各地推介产业协同、优势互补的结好对象，有助于在增加国际友好城市数量的同时，加快相关地区的对外开放和经济社会全面发展。

2. 自治区、市、县三级主体联动促进国际友好城市合作

自治区外办应充分发挥综合协调管理服务的作用，建立三级联动工作平台，加强对各市、县国际友好城市工作的支持和指导，强化基础业务培训，定期召开三级国际友好城市工作会议，充分了解各市、县关于国际友好城市合作的需求。各市、县也要结合本地区的实际情况，积极与自治区外办沟通对接，充分借助国际友好城市合作平台，协调解决工作中的重大问题，同时结合自身实际，力争利用更多国际资源为发展助力。可参照云南省的经验，推动建立"沿边＋内地"友协"结对子"机制，推动沿边城市之间或北部湾城市群之间签署外事工作协调合作协议书，互帮互助，资源共享，推动国际友好城市资源的均衡发展，实现国际友好城市资源禀赋的共享。逐步构建起多方受益、渠道共用和信息共享的多边国际友好城市合作管理格局。

（二）推动各类群体横向互动

1. 加强与各部门合作，拓展"国际友好城市＋"的无限可能

国际友好城市工作既需要外事部门搭好国际友好城市的"台"，也需要全区其他部门唱好各领域的"戏"。各部门可以通过"＋"国际友好城市拓展国际合作，国际友好城市工作也可以通过"＋"各部门的特有内容丰富工作实质。目前外事部门已与教育部门、应急管理部门等形成了"国际友好城市＋职业联盟""国际友好城市＋应急管理"等平台机制，今后还可以与文旅部门、商务部门、侨务部门合作创建"国际友好城市旅游联盟""国际友好城市经济联盟"等合作平台，拓展合作领域。

2. 充分发挥友协理事会的作用

一方面，友协理事会成员应分布在不同行业和阶层，以及对外交往的重点国家和地区，不仅满足了不同社会群体开展民间对外交往的需求，也有利于进一步巩固各地开展民间交往的国内和国际社会民意基础。可探索成立公共交流、社会事业交流、经济合作交流和教科文交流等交流小组，实现理事会成员分工合作更加明确，有针对性地促进经济、社会、文化、教育、青少年等全方位的民间对外交往。另一方面，完善国际友好城市联席会议机制。用好现有的由外（侨）办牵头归口管理，经贸、科技、教育、文化、体育、卫生、环保、城建等多部门参与的国际友好城市联席会议机制。每年定期召开会议，汇报各部门及其下属单位本年度在对外交往、接待外宾中取得的成绩、获得的有价值的信息、分享经验，全面跟进汇总国际友好城市项目落实情况、对存在的问题及时与参会部门沟通协调，制订下一年度交流计划。各地外事部门对其他部门在对外交往中存在的问题、当前国际形势进行分析讲解，有效指导各部门科学开展对外交往。

3. 加强与我国驻外机构、外国驻华机构的联系

一方面，外国驻华机构是各国政治、经济、贸易、文化、教育界了解中国的桥梁和纽带。加强与这些机构的联系，让它们及时、正确、充分地认识了解广西各地的优势，是让世界了解广西、让广西走向世界的一条简便有效的途径。同时，也可以获取对我方有益的信息，如外方活动及投资动向、重点项目规划等有关情况。另一方面，加强与我国驻外机构的联系，把开展国际友好城市工作的相关资料及时传送给它们，利用它们在国际上的交往渠道和影响力，对广西进行对外宣传，从而提高广西在国际上的知名度。此外，驻外机构还可以提供丰富的国际社会资料，为广西开展国际交往提供专业性的指导和帮助。

4. 加强与各类社会群体的联系

一是做好与海外华侨华人的联系工作。华侨华人和国际友人具有熟悉所

在国和祖国国情、掌握信息多、渠道广和人脉资源丰富等特点，是开发两地人文交流资源、拓宽两地文化产业市场最便捷的渠道，是推动两地文化交流交融的良好平台。通过华侨华人和国际友人为本地区与国际友好城市之间的交往牵线搭桥，进一步发挥他们"中间人"的作用，为推动与现有国际友好城市交往的持续发展以及结交新的国际友好城市做更多有益的工作。二是注重撬动智库资源。智库单位包括高校、科研院所等有关单位，这些单位具有国别研究人才、与外国智库的人脉和外事研究经费等资源，可以弥补外事部门在跨领域人才、理论研究和国别信息收集等方面的不足。广西拥有我国知名的东南亚研究智库，具有面向东南亚的外语人才和研究人才。智库常年依托东南亚研究产出许多国别研究成果有待转化，与外事部门合作意愿较高。智库团队还集中了经济、文化、法律、国际关系等方面人才，对国际友好城市各领域的交往能提供专业的建议，将广西区情与国外国际友好城市的实际情况相结合，促进地方经济社会发展。近年来，各地党委政府十分重视与智库的联系，在各地五年规划等重大战略中经常征询智库意见，智库可以在政策层面更好地呼吁提高对国际友好城市工作的重视。外办可与智库围绕专题开展联合调研，将双方研究人才和经费统筹使用，群策群力攻克地方对外开放的堵点难点。三是鼓励民间社会组织开展友好交往。民间社会组织具有渠道多、接触广、交往灵活的特点和优势，是国际友好城市交往中的重要组成部分。要鼓励本地民间社会组织发展与国外民间友好团体、国外商会、贸促会、行业协会以及地方政府联合会、市长联合会等各种组织和团体的联系，发展与知名人士、前国家和地方领导人、跨国大型集团公司等的交往关系，实现民间交往对象的多元化，充分利用民间友好力量的影响力，夯实国际友好城市交往基础，维护国际友好城市关系的发展，为本地区经贸、科技、人才等领域的交流牵线搭桥，推动各层次人群的交流与合作。要注意加强国际友好城市交往合作的全面性，广泛积累"左中右"友好人士资源，政府、议会、社会各界广泛交往，这也是对国际友好城市工作开展深度和广度的考验。

要探索新的工作模式，提供政策资金支持社会组织积极申报参与"一带一路"沿线国家实施"小而美"的民生项目，以民意沟通、民间友好和民生合作为重点，助力国际友好城市深入合作。

5. 加强与各省友协的联系

要加强与我国外事侨务系统之间的联系与合作。为借鉴国际交往经验，要在全国性或地方性的外侨活动、国际友好城市工作会议和相关培训中，把握机会加强与全国各地市外侨系统的横向联系，向各兄弟城市的同志们学习对外交往的先进经验。同时，要根据广西国际友好城市发展的需要，有针对性地到国际友好城市工作做得比较好的省份调研学习。这不仅为借鉴各兄弟城市关于促进城市经济社会发展和现代化进程等方面的先进经验与新思路、新举措提供了良好的契机，对于进一步推动广西与国际友好城市之间开展深层次交往，促进实质性交流与合作也起到了积极作用。

（三）搭建信息平台交流共享

广西可学习云南搭建国际友好城市信息大数据平台，集成广西各地民间外交数据，根据注册用户的不同权限，展现不同的信息页面和工作资料页面，成为系统内工作人员和社会群体开展工作、沟通交流和信息共享的平台。大数据平台主要具备以下功能：

1. 共享国际友好城市资源信息

综合我方和国际友好城市的信息，建立国际友好城市资源信息库，在全区范围内共享。由各地外事部门将调研形成的信息及时动态更新至资源信息库，并根据政府部门、行业组织、企业实体等用户反馈情况及时更新，形成良性互动。以信息库为基础，精准匹配双方需求，统筹相关资源，提高对接效率，缩短彼此从陌生到熟悉所用的时间，促进双方交流合作走向落实落地。

2. 提供国际友好城市工作交流平台

自治区层面统筹全区国际友好城市资源，搭建起国际友好城市信息交流平台。广西各地国际友好城市计划、总结、经验分享等信息均可上传到工作平台，形成各市国际友好城市工作信息常态化交流机制。此外，平台还可与各有关部门实现网络对接和资源共享，由外办专人负责与各部门联络，收集相关材料在网站上及时发布，同时与全国友协、外交部、国侨办、各省外办或侨办、商务部门等官网实现链接，共享信息渠道，方便有关部门从中找到合作契机。

3. 向国内外公开发布国际友好城市动态

平台将双方城市的基本信息、联系方式、资源优势、产业优势等在网络上以多种常用语言发布，这样双方之间就拥有了一个固定的沟通联系渠道和信息共享区域，为进一步的合作奠定了基础。同时这个网络平台还要保持更新，关注国际友好城市合作的发展，报道最新进展情况。此外，还可以利用这个交流平台，加大对广西各地投资环境、城市形象的介绍和宣传力度，提高国内外社会各界对友好城市交流的重视度和关注度，调动各方参与国际友好城市工作的积极性和主动性。

六、丰富内容创新形式，加快各领域合作发展

（一）用好区域交流机制拓展合作

充分利用区域合作机制和多边交流渠道，拓展国际友好城市交流合作的领域，是提高国际友好城市发展质量和水平的重要途径。继续用好中国—东盟博览会、中国—东盟商务与投资峰会平台，加强国际友好城市高层沟通合作，促进会期中国际友好城市经贸推介会的参会国际友好城市数量增加和合作成果的不断拓展。用好已有的双多边机制拓展地方政府合作的新空间，如广西与越南边境四省联合工作委员会会晤、广西与老挝老中合作委员会交流合作研讨会、广西—泰国联合工作组会议，在这些机制的基础上结好新的国

际友好城市、深化与现有国际友好城市的务实合作。此外,广西积极参加中非地方政府合作论坛以及中国—东盟、中越等中外地方政府合作机制,这些机制为国际友好城市地方政府层面上的交流合作拓展了空间、提供了机遇。

(二)加快国际友好城市重点领域合作发展

进一步加大与国际友好城市重点领域的联系与合作力度,拓宽交流渠道,丰富交流内容,促进国际友好城市交往可持续发展。一是以现有的国际友好城市为基础拓宽通道和空间,在港口、市政管理、金融、企业管理、贸易、能源、医疗、社会保障、教育、文化、生态环保、建筑规划等领域有重点地列出项目菜单,推动国际友好城市资源的广泛和多层次利用。同时,与重点国际友好城市建立重大合作事宜磋商机制、贸易投资与人员交流机制、企业联谊会机制,为双方政界、商界、学术界等沟通信息、交流经验、加强合作提供良好平台。二是加强与"一带一路"沿线国家的经济合作。针对经济合作门槛高竞争大、企业"走出去"面临较大阻力的问题,国企先"走出去",通过国际友好城市交往收集信息,推动民企紧随其后"走出去"开展配套产业建设,国企和民企共同合作推动经贸多层次发展。三是将国际友好城市合作与"小而美"民生公益项目有机结合,深挖合作潜力。推动实施一批"雪中送炭""吹糠见米"的民生合作项目,如开展绿色低碳可持续发展、"光明行"、妇女技能培训等项目,促成更多接地气、聚人心的合作成果,提升共建国家民众的获得感。

(三)创新交往形式推动多边多元

1.探索建立区域友好城市群

广西具有沿海、沿边的开放优势,沿海沿边城市具有相似的地理位置和资源禀赋,对于经济综合实力较为薄弱的城市而言,组建国际友好城市群是整合资源发挥更大效用的一种方式,例如北海、钦州、防城港利用沿海优势整合沿海港口国际友好城市形成友好城市群，崇左、防城港、百色利用沿边优势整合越南沿边国际友好城市发展成友好城市群等，形成区域友好城市群合作机制，推动共享国际友好城市资源，弥补各自的国际友好城市资源不足，形成各个层次、各个方面的合作关系，发挥区位在国际友好城市工作中的综合优势，实现区域外事发展的一次飞跃。

2. 构建或加入多边国际友好城市联动网络

随着全球化的高速发展，传统单一的双边合作对全球各个国家和地区的城市发展需求已经无法满足，国际友好城市合作需以共同利益为基础建立共商共享机制才能起到更好的促进作用。目前广西国际友好城市合作大多数处于双边交流状态，资源十分有限，开展合作也有局限性。而当前各国地方政府组织、国际多边友好组织交流与合作十分活跃，广西各地也应积极参与拓展合作资源，探索多边合作的更多可能性。鼓励有条件的城市加入全球最大的世界城市和地方政府国际组织"世界城市与地方政府联合组织"，以及加入全球性城市国际组织"国际教育城市联盟""世界旅游城市联合会"，区域组织"亚洲市长论坛"等。通过融入全球城市网络，积极参与多边交流活动，共同分享国际友好城市的发展经验，推介广西城市形象，加快广西城市的国际化进程。

3. 活动交流形式多样化

丰富创新交流形式有助于拓宽群众参与的渠道，"零门槛"地让更多群众参与到国际友好城市交流之中。一是探索建立国际友好城市展览馆（厅）。通过日常对外开放或设立公众开放日，在公益场所常态化下举办广西国际友好城市展览，展出内容包括国际友好城市的社会情况、自然风光、风土人情等，展出形式可包含板报类平面作品和文化艺术类展品。向广大民众全方位展示广西与国际友好城市交流合作的成果，激发广大民众支持、参与国际友好城市活动的热情。二是探索设立"国际友好城市市民互动交流日"或"国际友好城市美食文化艺术节"。每年选择一天集中展览、举办国际友好城市活动，通过开放举办美食节、文化艺术节、国际友好城市吉祥物到街上游行派发小礼品等方式与群众互动，让群众不受门槛限制地直接参与其中，实实在在感受到国际友好城市交往带来的美好体验。三是打造新时代年轻化的国际友好城市活动形式。例如举办国际友好城市两地群众可报名参与的音乐舞蹈比赛、录制两城的文旅综艺、拍摄特色产业纪录片、开展游戏竞技、举办使用对方国家语言的比赛等，鼓励各行民众和企业积极报名参与或赞助，既能加强对国际友好城市的知识普及，又能为两地群众交流搭建丰富多样的平台，为下一步各行业深入合作打下基础。四是运用数字化智能化手段破解交流障碍。一方面，运用"云平台"破解距离障碍。除了东盟国家外，广西与其他"一带一路"沿线国家地理位置相距较远，交通不便，群体互访的时间成本较高。为加强与国际友好城市的日常往来，要搭建国际友好城市的"云平台"，为各类群体组织"云"活动，让双方市民足不出户即可进行跨文化交流交友。另一方面，善用翻译设备和服务破解语言障碍。随着信息技术的快速发展，目前市场上已推出翻译录音笔、翻译眼镜等多款电子产品以及提供 AI 翻译、翻译软件等在线翻译服务，涉及的小语种品类繁多，翻译准确度较高，翻译成本比起人工具备一定优势，能较好满足日常交流需要。要善于发掘和运用最新科技手段，解决小语种人才不足的问题，逐步推动广西各类群体与"一带一路"沿线国际友好城市开展互动交流，进一步助力"民心相通"的实现。

4. 合作主体多元化

未来，地方交流应不再拘泥于缔结正式国际友好城市关系，而应更注重实效，使合作主体实现多元化，例如签署友好合作备忘录，结为友好交流省（市）或"准国际友好城市"开展交流合作；结为友好港口、友好学校、友好医院、友好博物馆；与国际友好城市对口部门建立友好合作关系等。国际友好城市关系的主体不仅仅是城市双方，还可以是以行业或领域为主体建立友好与信任关系，这能有效减少交易成本，带来创新与繁荣。

七、加强各类要素保障，促进国际友好城市工作提质增效

（一）加强人才要素保障

1.建立外语人才库

外事系统人员有限，因此一方面要提高工作人员的素质和工作能力，另一方面要在日常工作中注重建立和培育外事人才库，组织更多人才为国际友好城市交流合作服务。具体而言，要整合各地外语人才资源，加强与大企业、上级外事部门、社会翻译机构的合作，打通各类语种翻译人才的供应渠道。发挥广西各地翻译人员协会的作用，通过举办培训班等方式培训协会成员在大型涉外活动中的外事礼宾、礼仪和翻译技巧、外事纪律等知识。用好智库、对外商协会等各行各业懂经济、懂跨文化又懂语言的复合型人才，如跨文化交流专家、国际贸易专家等，提升各行业国际友好交流活动的水平。

2.强化学习培训

要加强对地区外事工作人员的学习培训。通过举办外语强化班、外事侨务干部培训班、招商引资培训班，提高外事工作人员的政策水平和业务素质。要着力拓展学习培训的内容。国际友好城市工作涉及领域广泛，在对外事人才培养方面要从国际化角度出发，根据地区结交国际友好城市的实际情况确定培养目标，增设有关的国际教育课程，使外事人员拓宽思路，能正确地认识和了解国际社会的政治、经济、文化、历史和风土人情、生活习惯等，培养国际意识。利用参加有关国际友好城市工作的研讨会及全国举办的各类培训班等多种渠道，积极学习国际友好城市工作的相关经验。

3.加强实践锻炼

在提升理论素养的同时，还需要在服务经济建设、扩大对外交往的实践

中锻炼,才能开阔视野、积累经验。要注重培养外事人员积极应对国际形势变化、妥善处理涉外事务的能力。各市要加强与广西外办的学习交流,如有需要可以安排挂职轮岗,各地还可以通过选送干部到我国驻外使领馆、外交部等上级主管部门跟班学习等多种形式,增强外事人员的工作实践能力,提升团队的专业化水平,更好地为打造国际化城市服务。

(二)加强资金要素保障

1. 财政投入力度应与国际友好城市发展相匹配

国际友好城市工作的推进,往往在起步阶段需要比较大的资金投入,故对财政拨款的依赖度相对较高。随着国际友好城市工作走上正轨,各个方面有了自觉参与对外交往的需求和热情,企业与民间资本的进入,对外交往运作常态化,这时便可适当减少财政资金的投入。各地对国际友好城市的投入应与地方经济发展水平、开放水平和国际友好城市数量和质量相匹配,而不应存在差距太大、各地失衡的情况。为此,可以由自治区外办与各地外办共同对国际友好城市交流工作进行专项调研,其中涉及是否需要增加国际友好城市工作的财政投入。通过调研,对各地的国际交往和国际化建设能有更全面的分析和更深入的思考,以便提出更切合实际的财政资金配套建议和具体措施,供相关各方决策参考。

2. 多渠道筹措或申请资金

国际友好城市需要发动各行业的人参与,单靠财政资金无法举办各类的活动,因此,撬动社会资金参与是国际友好城市工作可持续发展的重要举措。一是制定国际友好城市工作资金筹集政策。以地方友协为发起单位,探索在国内外筹集资金,建立国际友好城市发展基金委员会,设立专项发展基金。二是与国内其他基金会合作,统筹资金共同举办活动。三是善用"一带一路"项目支持国际友好城市活动。如"一带一路"留学生项目适当向国际友好城市倾斜,此外,还有"一带一路"基础设施互通、亚投行等项目,都可优先向国际友好城市倾斜，让国际友好城市工作更多地融入"一带一路"中。

3. 提高资金使用效率，推动更多国际友好城市交流活动

树立从隆重办活动向精简办活动转变的理念。为使交流长期持续，需要精简成本，重实质轻形式，不铺张浪费，将经费用于更长久、更有意义、更有针对性的交往中。一是梳理预算成本，对于机制化的交往形成专项预算。财政预算应与国际友好城市三年、五年发展规划相匹配，将财政资金优先用在重点项目上，深入耕耘重点合作领域早出成效。二是精简办活动。将经费用在对出成效有更直接作用的环节，而在会场布置、服务人员排面等表面环节上精简布置，将钱花在刀刃上。三是学会借力，依托机制化平台举办活动。一方面依托系统内的平台，如利用全国友协、其他省友协等单位举办国际友好城市大会的契机，邀请自己的国际友好城市参与，从而节约经费。另一方面依托广西的平台，如中国—东盟博览会、文旅大会等，邀请国际友好城市相关领域的团队参加。不断探索依托现有平台提高国际友好城市工作效率的路径。

（三）探索社会化服务保障

利用市场化平台提升保障水平。国际友好城市交往中涉及大量的会务布置、车辆安排、酒店预订等事务性工作。要积极探索外事服务市场化，按照"政府主导、社会参与、市场运作"的原则，把专业的事情交给专业的人做，将不涉及谋划性、原则性、创造性的服务类工作，比如文字翻译、会场安排、会务服务、酒店车辆预订、接送机、协调等工作委托外包给具备一定资质、信誉好、能力强的商业公司去办理，既能把外事干部从琐碎的事务性工作中解放出来，真正成为国际友好城市交往的智囊团，又能减少时间和精力消耗，降低成本，提高工作效率，进而推动外事服务工作市场化，提升全区的国际化水平。

八、加强宣传打造品牌，展示包容并蓄的广西形象

（一）发挥特色优势拓展"国际友好城市+"品牌

持续打造并完善品牌交往平台，拓展更多领域的"国际友好城市＋"品牌，筑牢交往纽带，提升影响力。一是增强商贸交流平台的成效，办好"广西国际友好城市进东博"。继续利用每年一度的中国—东盟博览会这一自治区最高水平的国际交流平台，通过国际友好城市主题展览向国内外各行业介绍来自国际友好城市的交流合作需求和各自的尖端企业、产品，打造成年年有特色、年年有收获、年年结识新伙伴的商贸交流平台。机制化开展东博会框架下的"国际友好城市交流推介会"，注重签约成果的跟进落地实施，对于无法实施的，与各国际友好城市沟通原因，吸取经验，争取次年更多国际友好城市和厂商参加、涉及更多领域、取得更积极实在的成效。二是加强教育交流，壮大广西"国际友好城市职业教育联盟"。广西"国际友好城市职业教育联盟"围绕"职业教育"拓展对外交流，在国内具有特色，已初步彰显品牌效应。应持续推动联盟成员不断扩大，围绕学术交流、合作办学、互派留学生和教师以及短期培训中高级管理人员等开展机制化合作，逐步形成在东盟甚至"一带一路"沿线国家中具有一定影响力的职业教育品牌。三是加强文旅合作，探索打造"'一带一路'国际友好城市旅游联盟"。广西旅游资源丰富，景色多样、风光秀美、民族文化特色鲜明，交往的许多国际友好城市也是当地有名的旅游胜地，可以用好现有资源开展旅游合作，共同打造"'一带一路'国际友好城市旅游联盟"，实现互利共赢。随着"一带一路"互联互通的推进，未来可将更多与广西在公路、铁路、航空、海运等交通上互联互通的节点国际友好城市纳入联盟之中，促进国际友好城市深化合作。四是发挥民族文化优势，探索打造"'一带一路'国际友好城市民族文

化联盟"品牌。多元化的民族特色是国际友好城市人文交流的良好载体，挖掘悠久绚丽的民族文化，有利于彰显广西和"一带一路"国际友好城市的独特魅力，促进民族文化的交流交融。可以充分利用当地资源，组织民间艺术家、技师等出访国际友好城市，展示广西地方特色民间艺术和文化，也可邀请国际友好城市艺术家代表团来广西交流和体验。同时，为更多传承传统文化和民族特色的民间组织牵线搭桥，鼓励帮助其参与国际友好城市交流，展示广西与"一带一路"国际友好城市之间丰富的民间资源和传统地方文化的独特魅力。五是深化人文交流合作，实施"一带一路"人文交流品牌塑造计划，推动各市与重点国际友好城市打造"一城一品"特色项目，深化人文交流。六是加强与"一带一路"沿线国家国际友好城市在民生领域的合作，打造民生项目品牌，助力改善当地民生，筑牢友好民意根基。

（二）对外宣传展示全面立体的广西形象

大力宣传广西品牌故事，面向世界讲好"广西故事"，推介广西的良好形象，切实提升广西的国际吸引力。一是用好"互联网＋"平台进行推介。推动"互联网＋"的广泛应用，在政务网、微信公众号中开设国际友好城市专栏，加强对国际友好城市日常交流活动的宣传。运用融媒体、新技术，开通运营新浪微博、抖音等新媒体，拓展面向年轻群体的宣传方式，增强宣传效果，推动国际友好城市工作再上新台阶。可以组织市民团"走出去"，鼓励市民自行制作风格各异的博客，在微博、抖音进行双语传播等。二是打造国际友好城市间系列互动交流的宣传节目。例如"双城记"全媒体外宣项目，利用丰富的国际友好城市资源优势，邀请国际友好城市名人来广西开展深度探访国际友好城市的节目录制，并用双语在两城播放，展示广西人文底蕴、传播中华优秀传统文化。三是借助华文媒体的力量。通过邀请华文传媒知名人士来广西访问考察的方式，宣传广西日新月异的城市形象和特色文化，为吸引海外媒体所在国和华商、外商来广西开展人文交流并拓展各领域合作提供顺畅的渠道。四是加强与国外媒体的合作。广西拥有面向东盟的国际传播中心、越南语电台、外文电视剧等,利用好这些资源加强与国外媒体的合作,宣传双方城市品牌和国际友好城市交流活动,有力地提升对外宣传的成效和水平。五是加强国际友好城市交流工作的对外宣传。以本地举办的重大涉外活动为载体,有针对性地邀请外国记者进行参观访问,安排有关领导会见外国记者和接受采访。利用赴国外办展、在国际互联网上发布信息等多种途径,多角度、多形式地宣传广西的人文环境。积极邀请企业、学校、医院、民间团体等多主体参与宣传,充分利用机遇展示广西良好的城市形象。

(三)营造城市包容并蓄的国际文化氛围

国际友好城市各群体交往是实现国际友好城市高质量发展、民心相通的重要内容。在国际友好城市交往范围不断拓展的背景下,只有营造城市包容并蓄的国际文化氛围,才能开拓市民的国际化视野,整体提升市民的跨文化交际能力。一是让市民深入认识了解国际友好城市的文化。通过网络、书籍、报纸杂志等多种方式广泛收集外方城市以及所在国家的文化背景信息,及时更新并公开该国家和城市的政治、经济、文化、教育、对外关系等相关情况,将其纳入国际友好城市资源信息库并向市民开放。同时,举办跨文化知识竞赛、国际友好城市文化专题展览,采用互联网、自媒体等新兴媒介扩大宣传,营造兼容并蓄的国际文化交融氛围。二是坚持相互尊重、求同存异。城市中各类群体与国际友好城市交往中要互相尊重,增强国际意识,要注意对方在思维方式、语言表达含义、人生观、价值观和世界观等方面与中国的差异,学习理解中外文化差异,提高对文化差异的敏感度和适应能力。可邀请跨文化交际领域的专家、精通外国风俗的专业人士、华人华侨等,为相关部门涉外工作人员、企业、社会组织和市民定期开展讲座培训,提高对文化差异的理解和应对能力,逐步消除观念差异造成的思想误区。三是提升市民的跨文化交流水平。普及跨文化交际常识,尤其重点介绍国际友好城市风俗文化，并适时在街头巷尾等群众"可触及"的场所举办国际友好城市外事活动，如举办国际友好城市美食文化节等，集中安排多个国际友好城市的文艺演出和美食工艺品市集，让更广泛的群众亲身体验跨文化交流的魅力，通过长年累月的国际化文化氛围营造，让市民在潜移默化中积累丰富的跨文化交流经验。

附录 1
国际友好城市问卷（广西市民版）

《广西国际友好城市建设研究》调查问卷

尊敬的市民朋友：

您好！感谢您在百忙之中参与关于广西开展国际友好城市建设情况的调查工作。此次调查旨在了解市民对广西国际友好城市交流工作的看法，为未来国际友好城市交流提供更好的思路。本问卷采用匿名形式，请您根据自身实际情况如实填写，所有数据仅供学术研究使用，不会透露您的信息。谢谢您的配合！祝您一切顺利！

《广西国际友好城市建设研究》课题组

提示：

1. 请在选项上打钩或画圆圈，除了标注为多选题之外，无特殊注明的均为单选题。

2. 以下所称的"广西国际友好城市"包括广西壮族自治区的国际友好城市和广西各市县的国际友好城市。

3. 此份问卷共 29 道题，需要花费您 10—15 分钟的时间。您填写好后，我们会过来收集问卷。

4. 欢迎您与我们探讨交流。

一、个人情况（共3题）

1.1 您的年龄是？

　　A. 18岁以下　B. 18—40岁　C. 41—60岁　D. 60岁以上

1.2 您的受教育程度是？

　　A. 初中及以下　B. 高中／中专／技校　C. 大专　D. 本科

　　E. 硕士及以上　F. 其他

1.3 您的职业类型是？

　　A. 学生　　B. 公务员或事业单位人员　C. 企业人员

　　D. 个体户　E. 其他（请填写）_____

二、国际友好城市基本情况（共6题）

2.1 请问以下哪些是广西（含自治区级、设区市级和县级）的国际友好城市？（多选题）

　　A. 日本秋田市　　　B. 越南芒街市　C. 泰国孔敬市

　　D. 马来西亚关丹市　E. 缅甸仰光省　F. 日本熊本县

　　G. 美国辛辛那提市　H. 澳大利亚班达伯格市

2.2 参加此次中国—东盟博览会前，您对广西的友好城市了解程度如何？（0为不了解，5为很了解，数值越高代表了解程度越深）

0	1	2	3	4	5

2.3 您通过什么途径了解到广西的国际友好城市？

　　A. 电视新闻　B. 报刊　C. 博客、抖音、社交网站

　　D. 政务官网　E. 朋友介绍　　F. 其他（请填写）_____

2.4 您认为国际友好城市交往的动力主要来源于？

　　A. 政府规划　B. 经济联系　　C. 民间友好

　　D. 历史传统　E. 其他（请填写）_____

2.5 您认为国际友好城市最重要的作用是什么？

　　A. 促进民间友好　　　B. 促进经济合作

　　C. 分享城市管理经验　D. 其他（请填写）＿＿＿＿＿＿

2.6 在与国际友好城市的交往活动中，您参加过的活动类型有哪些？（多选题）

　　A. 代表团互访　B. 人文交流　C. 经贸投资

　　D. 旅游参观　　　E. 教育培训　F. 其他（请填写）＿＿＿＿＿＿

三、国际友好城市成效（共5题）

3.1 您认为国际友好城市交往在多大程度上能促进两国民间友好？（0为不能促进，5为很大程度促进，数值越高代表程度越深）

0	1	2	3	4	5

3.2 您认为国际友好城市交往在多大程度上能推进两个城市的经贸合作？（0为不能促进，5为很大程度促进，数值越高代表程度越深）

0	1	2	3	4	5

3.3 您对广西与国际友好城市交往的满意度如何？（0为不满意，5为很满意，数值越高代表满意程度越高）

0	1	2	3	4	5

3.4 据您了解，您身边知道国际友好城市的人数比例有多少？

　　A. 0—25%　B. 25%—50%　C. 50%—75%　D. 75%—100%

3.5 据您了解，您身边参与过国际友好城市活动的人数比例有多少？

　　A. 0—25%　B. 25%—50%　C. 50%—75　D. 75%—100%

四、国际友好城市交往需进一步完善的地方（共5题）

4.1 您认为与国际友好城市交往存在哪些障碍？（多选题）

　　A. 语言不通　　B. 距离较远　　　　C. 没有实质合作项目

　　D. 国际友好城市太多无暇兼顾　　E. 经费不足

　　F. 没有较为固定的联络机构　　　　G. 文化习俗相差太大

　　H. 其他（请填写）＿＿＿＿＿＿

4.2 您觉得国际友好城市交往应在哪些方面进行改善？（多选题）

　　A. 增加交流次数　　　B. 丰富交流形式

　　C. 增加实质性合作　　D. 其他（请填写）＿＿＿＿＿＿

4.3 您认为身边的人不知道国际友好城市的主要原因是什么？

　　A. 宣传不够　　B. 不感兴趣　　C. 其他（请填写）＿＿＿＿＿＿

4.4 您认为身边的人不参加国际友好城市活动的主要原因是什么？

　　A. 不知道怎样才能参加　　B. 不感兴趣　　C. 其他（请填写）＿＿＿＿＿

4.5 您认为在国际友好城市建设中，哪个机构应该承担更多的责任？

　　A. 政府部门　　B. 友好城市联合会　　C. 文化团体

　　D. 行业协会　　E. 其他（请填写）＿＿＿＿＿＿

五、国际友好城市的未来发展（共4题）

5.1 在什么情况下，您会关注并参与国际友好城市交往活动？（多选题）

　　A. 对对方城市好奇并想进一步了解

　　B. 与个人工作生活相关

　　C. 能为个人或企业带来利益

　　D. 其他（请填写）＿＿＿＿＿＿

5.2 未来您有意愿在哪些方面加强与国际友好城市的交流与合作？（多选题）

　　A. 代表团互访　　B. 人文交流　　C. 经贸投资　　D. 旅游参观

　　E. 教育培训　　　F. 其他（请填写）＿＿＿＿＿＿

5.3 您认为提升国际友好城市市民之间的友好关系最有效的方式是什么？（多选题）

  A. 代表团互访　　B. 教育培训　C. 青少年交流

  D. 举办文体比赛　E. 其他（请填写）_____

5.4 您觉得如何能增强国际友好城市的平台作用，促进两市经济的发展？（多选题）

  A. 互相到对方城市开推介会　B. 参加每年的中国—东盟博览会

  C. 代表团互访　　　　　　　D. 成立相关经贸与文化合作机构

  E. 其他（请填写）_____

六、"一带一路"倡议与国际友好城市交往（共5题）

6.1 您认为"一带一路"倡议包含以下哪些内容？（多选题）

  A. 政策沟通　B. 设施联通　C. 贸易畅通　D. 资金融通　E. 民心相通

6.2 您对"一带一路"倡议的了解程度如何？（0为不了解，5为非常了解，数值越高代表程度越深）

0	1	2	3	4	5

6.3 在参加广西国际友好城市的交往活动中，您是否经常看到"一带一路"的元素？

  A. 经常看到　B. 偶尔看到　C. 没有看到

6.4 您认为"一带一路"倡议与国际友好城市交往可以在哪些方面相融合？（多选题）

  A. 政策沟通　B. 设施联通　C. 贸易畅通　D. 资金融通　E. 民心相通

6.5 您认为"一带一路"倡议如何在国际友好城市建设中更好地落实和体现？（多选题）

  A. 推进国际友好城市交往的多边化、组团化，建设"一带一路"沿线
   国家国际友好城市群

  B. 提升"一带一路"沿线国际友好城市组织的规格，建立起统一的协
   调和促进机构

  C. 更好地研究"一带一路"下相关经贸规则，有针对性地改进国际友
   好城市合作形式

  D. 其他（请填写）_____

七、意见建议

  您对未来与广西开展国际友好城市交流有什么意见建议？或者您对"一
带一路"倡议背景下的国际友好城市交流有什么意见建议？请写下来。

_____

_____

_____

_____

附录2
国际友好城市问卷（外国市民中文版）

《广西国际友好城市建设研究》调查问卷

尊敬的国际友好城市市民朋友：

您好！感谢您在百忙之中参与广西开展国际友好城市建设情况的调查工作。此次调查旨在了解作为广西国际友好城市的市民对国际友好城市交流工作的看法，为未来国际友好城市交流提供更好的思路。本问卷采用匿名形式，请您根据自身实际情况如实填写，所有数据仅供学术研究使用，不会透露您的信息。谢谢您的配合！祝您一切顺利！

《广西国际友好城市建设研究》课题组

提示：

1. 请在选项上打钩或画圆圈，除了标注为多选题之外，无特殊注明的均为单选题。

2. 以下所称的"广西国际友好城市"包括广西壮族自治区的国际友好城市和广西各市县的国际友好城市。

3. 此份问卷共34道题，需要花费您10—15分钟的时间。您填写好后，我们会过来收集问卷。

4. 欢迎您与我们探讨交流。

一、个人情况（共4题）

1.1 您的年龄？

　　A.18 岁以下　B.18—40 岁　C.41—60 岁　D.60 岁以上

1.2 您的受教育程度？

　　A. 中学及以下　B. 本科　C. 硕士　D. 博士　E. 其他（请填写）_____

1.3 您的职业类型？

　　A. 学生　B. 公务员　C. 企业员工

　　D. 个体户　E. 其他（请填写）_____

1.4 您居住的城市所在的大洲？

　　A. 亚洲　B. 非洲　C. 欧洲　D. 北美洲　E. 南美洲　F. 大洋洲

二、国际友好城市基本情况（共9题）

2.1 参加此次中国—东盟博览会前，您对中国广西及其城市的了解程度如何？（0 为不了解，5 为很了解，数值越高代表了解程度越深）

0	1	2	3	4	5

2.2 您是通过什么途径了解到您所在的城市与广西的城市结为国际友好城市的？

　　A. 电视新闻　B. 报刊　C. 博客、抖音、社交网站

　　D. 政务官网　E. 朋友介绍　F. 其他（请填写）_____

2.3 您认为国际友好城市交往的动力主要来源于？

　　A. 政府规划　B. 经济联系　C. 民间友好

　　D. 历史传统　E. 其他（请填写）_____

2.4 您认为国际友好城市最重要的作用是什么？

　　A. 促进民间友好　B. 促进经济合作　C. 分享城市管理经验

　　D. 其他（请填写）_____

2.5 在与广西国际友好城市的交往活动中，您参加过的活动类型有哪些？（多选题）

A. 代表团互访　B. 人文交流　C. 经贸投资　D. 旅游参观

E. 教育培训　　F. 其他（请填写）_____

2.6 您认为参加哪些类型的国际友好城市活动让您对广西了解更深？（多选题）

A. 代表团互访　B. 人文交流　C. 经贸投资　D. 旅游参观

E. 教育培训　　F. 其他（请填写）_____

2.7 除了本次参展活动，您以前还参加过几次与广西国际友好城市有关的活动？

A.0 次　B.1 次　C.2 次　D.3 次及以上

2.8 您在日常工作中，在多大程度上参与了国际友好城市相关事宜？（0 为从不参与，5 为经常参与，数值越高代表程度越深）

0	1	2	3	4	5

2.9 您身边的人对广西国际友好城市的了解程度如何？（0 为不了解，5 为非常了解，数值越高代表程度越深）

0	1	2	3	4	5

三、国际友好城市成效（共 6 题）

3.1 您认为国际友好城市交往在多大程度上能促进两国民间友好？（0 为不能促进，5 为很大程度促进，数值越高代表程度越深）

0	1	2	3	4	5

3.2 您认为国际友好城市交往在多大程度上能推进两个城市的经贸合作？
（0为不能促进，5为很大程度促进，数值越高代表程度越深）

0	1	2	3	4	5

3.3 您认为国际友好城市交往在多大程度上能促进您对广西城市的了解？
（0为不能促进，5为很大程度促进，数值越高代表程度越深）

0	1	2	3	4	5

3.4 您对所在城市与广西国际友好城市交往的满意度如何？（0为不满意，
5为很满意，数值越高代表满意程度越高）

0	1	2	3	4	5

3.5 参加国际友好城市活动之前和之后您对广西城市和市民的印象有哪些
变化？

    A. 印象变好了 B. 印象变坏了 C. 没有变化

3.6 您对广西的城市印象最深的是什么？（多选题）

    A. 环境优美 B. 高楼林立 C. 人民友好 D. 其他（请填写）_____

四、国际友好城市交往需进一步完善的地方（共3题）

4.1 您认为与广西的国际友好城市交往存在哪些障碍？（多选题）

    A. 语言不通 B. 距离较远 C. 没有实质合作项目

    D. 国际友好城市太多无暇兼顾 E. 经费不足

    F. 没有较为固定的联络机构 G. 文化习俗相差太大

    H. 其他（请填写）_____

4.2 您觉得您所在城市与广西的国际友好城市交往应在哪些方面进行改善？（多选题）

    A. 增加交流次数　B. 丰富交流形式　C. 增加实质性合作

    D. 其他（请填写）_____

4.3 您认为在国际友好城市建设中，哪个机构应该承担更多的责任？

    A. 政府部门　B. 友好城市联合会　C. 文化团体　D. 行业协会

    E. 其他（请填写）_____

五、国际友好城市的未来发展（共 4 题）

5.1 未来您有意愿在哪些方面加强与广西的交流与合作？（多选题）

    A. 代表团互访　B. 人文交流　C. 经贸投资　D. 旅游参观

    E. 教育培训　F. 其他（请填写）_____

5.2 在了解了广西的国际友好城市之后，您是否会主动了解广西其他城市并寻求合作机会？

    A. 会　B. 不会

5.3 您认为提升国际友好城市市民之间的友好关系最有效的方式是什么？（多选题）

    A. 代表团互访　B. 教育培训　C. 青少年交流　D. 举办文体比赛

    E. 其他（请填写）_____

5.4 您觉得如何能增强国际友好城市的平台作用，促进两市经济的发展？（多选题）

    A. 互相到对方城市开推介会　B. 参加每年的中国—东盟博览会

    C. 代表团互访　D. 成立相关经贸与文化合作机构

    E. 其他（请填写）_____

六、"一带一路"倡议与国际友好城市交往（共7题。如果您所在的国家未参与"一带一路"倡议，您可以不必回答此部分，直接跳到第七部分进行回答，谢谢。）

6.1 您所在的国家是否参与了"一带一路"倡议？

A.参与　B.没参与　C.不了解

6.2 您认为"一带一路"倡议包含以下哪些内容？（多选题）

A.政策沟通　B.设施联通　C.贸易畅通　D.资金融通　E.民心相通

6.3 您对"一带一路"倡议的合作是否感兴趣？

A.感兴趣　B.不感兴趣　C.无所谓

6.4 您对"一带一路"倡议的了解程度如何？（0为不了解，5为非常了解，数值越高代表程度越深）

0	1	2	3	4	5

6.5 在参加与广西国际友好城市的交往活动中，您是否经常看到"一带一路"的元素？

A.经常看到　B.偶尔看到　C.没有看到

6.6 您认为"一带一路"倡议与国际友好城市交往可以在哪些方面相融合？（多选题）

A.政策沟通　B.设施联通　C.贸易畅通　D.资金融通　E.民心相通

6.7 您认为"一带一路"倡议如何在国际友好城市建设中更好地落实和体现？（多选题）

A.推进国际友好城市交往的多边化、组团化，建设"一带一路"沿线国家国际友好城市群

B.提升"一带一路"沿线国家国际友好城市组织的规格，建立起统一的协调和促进机构

C. 更好地研究"一带一路"下相关经贸规则，有针对性地改进国际友
　好城市合作形式

D. 其他（请填写）_____

七、意见建议

您对未来与广西开展国际友好城市交流有什么意见建议？或者您对"一
带一路"倡议背景下的国际友好城市交流有什么意见建议？请写下来。

_____

_____

_____

_____

附录 3

国际友好城市问卷（外国市民英文版）
Survey on the Development Research Project of Sister Cities in Guangxi
（Sister City friends）

Dear Sister City friends,

Hello! Thank you for taking time out of your busy schedule to participate in the survey for the Development Research Project of Sister Cities in Guangxi. The purpose of this survey is to understand the views of residents from Guangxi's sister cities on the project of sister city exchanges, and to provide better ideas for improvement. This questionnaire is anonymous, please fill it in based on your actual situation. All data are for academic research use only, and we will not disclose your information. Thank you for your cooperation! Wish you all the best!

The Research group of the Development Research Project of Sister Cities in Guangxi

Instructions:

1. Please check or draw a circle on the options. All options are single choice unless marked as multiple-choice.

2. The following "sister cities in Guangxi" include sister cities in Guangxi Zhuang Autonomous Region and sister cities in various cities and counties of Guangxi, Such as Nanning, Guilin, and Dongxing.

3. This questionnaire consists of 34 questions and will take you about 10—15 minutes. After you fill it out, we will come to collect the questionnaire.

4. Welcome to discuss and communicate with us.

Part 1. Personal Information (4 questions in total)

1.1 What is your age ?

A) Under the age of 18   B) 18—40   C) 41—60   D) over 60

1.2 What is your education level ?

A) High school (Secondary school) and below

B) Bachelor's degree   C) Master's degree

D) Doctoral degree   E) Other (please specify)_____

1.3 What is your occupation type ?

A) Student   B) Government employee   C) Corporate employee

D) Self-employed   E) Other (please specify)_____

1.4 Which continent is your city Located in ?

A) Asia   B) Africa   C) Europe   D) North America

E) South America   F) Oceania

Part 2. Basic Information about sister cities (9 questions in total)

2.1 How much did you know about Guangxi and its cities before attending the China-ASEAN Expo ?   (0 means no knowledge, 5 means very familiar, with higher values indicating deeper understanding)

0	1	2	3	4	5

2.2 How did you find out that your city has established a sister-city relationship with Guangxi ?

A) TV news   B) Newspapers and magazines

C) Blogs, TikTok, social networking sites

D) Government official website E) Recommendations from friends

F) Others (please specify)_____

2.3 What do you think is the main driving force for sister-city exchanges ?

A) Government planning   B) Economic ties

C) People-to-People friendship   D) Historical traditions

E) Others (please specify) _____

2.4 What do you think is the most important role of sister cities ?

A) Promoting people-to-people friendship

B) Promoting economic cooperation

C) Sharing urban management experience

D) Others (please specify) _____

2.5 What types of activities have you participated in during exchanges with Guangxi's sister cities ? (Multiple choice)

A) Delegation exchanges   B) Cultural exchanges

C) Economic and trade investment   D) Tourist visits

E) Education and training   F) Others (please specify)_____

2.6 What kind of sister city activities do you think have helped you learn more about Guangxi ? (Multiple choice)

A) Delegation exchanges   B) Cultural exchanges

C) Economic and trade cooperation   D) Tourist visits

E) Education and training   F) Others (please fill in) _____

2.7 In addition to this expo, how many times have you participated in activities with Guangxi's sister cities before ?

A) 0   B) 1 time   C) 2 times   D) 3 times and above

2.8 To what extent do you engage in sister-city-related affairs in your daily work ?

(0 means never engaged, 5 means frequently engaged, with higher values indicating greater involvement)

0	1	2	3	4	5

2.9 How familiar are the people around you with Guangxi's sister cities？ (0 means not familiar, 5 means very familiar, with higher values indicating greater familiarity)

0	1	2	3	4	5

Part 3. Effectiveness of Sister Cities (6 questions in total)

3.1 To what extent do you think sister city exchanges can promote people-to-people friendship between the two countries？ (0 is not promoted, 5 is promoted to a great extent, the higher the value, the deeper the degree)

0	1	2	3	4	5

3.2 To what extent do you think sister city exchanges can promote the economic and trade cooperation between the two cities？ (0 is not promoted, 5 is promoted to a great extent, the higher the value, the higher the degree)

0	1	2	3	4	5

3.3 To what extent do you think sister city exchanges can promote your understanding of Guangxi's cities？ (0 is not promoted, 5 is promoted to a great extent, the higher the value, the deeper the degree)

0	1	2	3	4	5

3.4 How satisfied are you with the communication between your city and sister cities in Guangxi ? (0 is not satisfied, 5 is very satisfied, the higher the value, the higher the degree of satisfaction)

0	1	2	3	4	5

3.5 How did your impression of cities and people in Guangxi change before and after participating in the sister city activities ?

A) The impression has improved

B) The impression has worsened

C) The impression has not changed

3.6 What impresses you most about cities in Guangxi ? (Multiple choice)

A) Beautiful environment B) Tall buildings

C) Friendly people D) Others (please fill in)_____

Part 4. Areas to be further improved in friendship between sister cities (3 questions in total)

4.1 What obstacles do you think exist in the exchanges between sister cities in Guangxi ? (Multiple choice)

A) Language barrier

B) Distance

C) No real cooperation project

D) Too many sister cities to take care of

E) Insufficient funds

F) There is no fixed contact organization

G) There are too many differences in cultural traditions

H) Others (please fill in) _____

4.2 What aspects do you think should be improved in the exchange between your city and sister cities in Guangxi ?　(Multiple choice)

A) Increase the number of exchanges

B) Enrich the forms of exchanges

C) Increase substantive cooperation

D) Others (please fill in)_____

4.3 Which organization do you think should take more responsibility in the sister city exchange work ?

A) Government　B) Sister Cities associations

C) Cultural organizations　D) Industry associations

E) Others (please fill in)_____

Part 5. Future Development of Sister Cities (4 questions in total)

5.1 In what aspects do you intend to strengthen the exchanges and cooperation with Guangxi in the future ?　(Multiple choice)

A) Exchange of delegations　B) Cultural exchanges

C) Economic and trade investment　D) Tourist visits

E) Education and Training　F) Others (please fill in) _____

5.2 After knowing the sister city in Guangxi, will you take the initiative to know other cities in Guangxi and seek cooperation opportunities ?

A) Yes　B) No

5.3 What do you think is the most effective way to promote the friendly relationships between the citizens of sister cities ?　(Multiple choice)

A) Exchange of delegations　B) Education and Training

C) Youth exchanges　D) Holding arts and sports competitions

E) Others (please fill in)_____

5.4 How do you think we can improve the platform role of sister cities and promote the economic development of the two cities ?　(Multiple choice)

A) Hold promotional meetings in each other's cities

B) Attend the annual China-ASEAN Expo

C) Exchange of delegations

D) Establishment of relevant economic, trade and cultural cooperation organizations

E) Others (please fill in) _____

Part 6. The Belt and Road Initiative and Sister Cities Exchanges (7 questions in total. *If your country has not signed the Belt and Road Cooperation document, you may skip this part and go to the seventh part. Thank you.*)

6.1 Has your country signed the Belt and Road Cooperation document ?

A) Yes   B) No   C) Unclear

6.2 Which of the following do you think the Belt and Road Initiative includes ? (Multiple choice)

A) Policy coordination   B) Facilities connectivity

C) Unimpeded trade   D) Financial integration

E) People-to-people bonds

6.3 Are you interested in cooperation on the Belt and Road Initiative ?

A) Interested   B) Not interested   C) Neutral

6.4 How much do you know about the Belt and Road Initiative ? (0 is not familiar, 5 is very familiar, the higher the value, the higher the degree)

0	1	2	3	4	5

6.5 Do you often see the elements of the "Belt and Road" when you participate in exchanges with sister cities in Guangxi ?

A) Often see   B) Occasionally see   C) Do not see

6.6 In what ways do you think the Belt and Road Initiative and sister city exchanges can be integrated ? (Multiple choice)

A) Policy coordination　B) Facilities connectivity

C) Unimpeded trade　　D) Financial integration

E) People—to—people bonds

6.7 How do you think the Belt and Road Initiative can be better implemented and reflected in the development of sister cities ?　(Multiple choice)

A) Promote the multilateralization and grouping of sister city exchanges, and build sister city agglomerations in countries along the "Belt and Road"

B) Upgrade the specifications of sister city organizations along the "Belt and Road" and establish a unified coordination and promotion mechanism

C) Study the economic and trade rules of the "Belt and Road" cooperation document, and selectively improve the forms of sister city cooperation

D) Others (please fill in) _____

Part 7. Comments and Suggestions

What are your suggestions for sister city exchanges with Guangxi in the future? Also, do you have any suggestions for sister city exchanges in the context of the Belt and Road Initiative? Please write them down.

_____

_____

_____

_____

附录4
访谈提纲
（Interview Outline）

　　您好，我们来自《广西国际友好城市建设研究》课题组，能否占用您几分钟时间进行一个关于国际友好城市的简短访谈？我们想问您以下五个问题，您可以作简短的回答。谢谢！

　　Hello, we are from the Research group of the Development Research Project of Sister Cities in Guangxi. Could you spare us for a few minutes to conduct a brief interview about sister cities? We would like to ask you the following five questions, and you can give short answers. Thanks!

　　一、您认为国际友好城市交流起到哪些作用？请举一些例子。

　　1.What role do you think sister city exchanges play? Please give some examples.

　　二、您想与国际友好城市进行哪些方面的合作？

　　2. In what areas do you want to cooperate with sister cities in Guangxi?

　　三、您认为通过国际友好城市交流加强经贸合作的有效方式是什么？

　　3. What do you think are the effective ways to strengthen economic and trade cooperation through sister city exchanges?

　　四、您参与国际友好城市交流活动时，有哪些印象深刻的故事？

　　4. When you participated in the sister city exchange activities with sister cities in Guangxi, what were the most impressive stories?

五、您对与国际友好城市的交流有什么意见建议？

5. What are your opinions and suggestions on the exchanges with sister cities in Guangxi?

参考文献

著作类：

[1] 马克思、恩格斯:《马克思恩格斯选集（第一卷）》，人民出版社2012年版。

[2] 习近平:《习近平谈治国理政：第一卷》，外文出版社2014年版。

[3] 习近平:《习近平谈治国理政：第二卷》，外文出版社2017年版。

[4] 习近平:《习近平谈治国理政：第三卷》，外文出版社2020年版。

[5] 国家发改委、外交部、商务部:《推动共建丝绸之路经济带和21世纪海上丝绸之路的愿景与行动》，人民出版社2015年版。

[6] 李小林等:《城市外交：理论与实践》，社会科学文献出版社2016年版。

[7] 李小林等:《中国城市竞争力专题报告（1973—2015）》，社会科学文献出版社2016年版。

[8] 陈志敏:《次国家政府与对外事务》，长征出版社2001年版。

[9] 屠启宇等:《"一带一路"沿线国际城市网络与中国"走出去"战略支点布局》，社会科学文献出版社2023年版。

[10] 韩方明等:《城市外交中国实践与外国经验》，新华出版社2014年版。

[11] 刘铁娃等:《城市对外交往与国家软实力 友好城市间文化交流机制研究》，世界知识出版社2020年版。

[12] 熊炜等:《变革中的国际秩序与城市外交》，时事出版社2019年版。

[13] 于宏源:《城市外交和城市联盟 上海全球城市建设路径研究》，上海人民出版社2020年版。

[14] 广西壮族自治区地方志编纂委员会:《广西通志·外事志》，广西人民出版社1998年版。

[15] 张斌:《公共外交视域下的中国—东盟人文交流研究》,人民出版社 2023 年版。

[16] 杨亦鸣、赵晓群:《"一带一路"沿线国家语言国情手册》,商务印书馆 2016 年版。

[17] [美]索黑拉·阿米尔、[土耳其]艾弗·西文主编,王勇译:《城市外交 当前趋势与未来展望》,上海人民出版社 2022 年版。

学位论文类:

[18] 陈烨:《国际友好城市关系对我国城市贸易的影响机制及效应研究》,西 南财经大学 2020 年。

[19] 周建军:《国际友好城市关系对中国城市出口贸易的影响研究》,中央财 经大学 2022 年。

[20] 邹辉:《缔结国际友好城市对进出口贸易的影响研究》,华中科技大学 2022 年。

[21] 王昱睿:《东道国风险对中国"一带一路"项目投资的影响研究》,东北 财经大学 2022 年。

[22] 张胆琼:《"一带一路"倡议实施中的宗教风险与防范》,杭州电子科技大 学 2019 年。

[23] 王光荣:《新时代提高国家文化软实力研究》,东北师范大学 2020 年。

[24] 董双华:《文化外交对中国 OFDI 的影响研究》,广西大学 2018 年。

期刊类:

[25] 王亚辉、全华、尹玉芳:《国际友好城市的入境游效应——来自中国 38 个客源国的经验证据》,《经济管理》2017 年第 3 期。

[26] 王冉:《文化距离与"一带一路"国际友好城市关系对我国入境旅游规模 的影响——基于扩展引力模型的实证分析》,《文化产业研究》2021 年第

2 期。

[27] 邢伟:《总体国家安全观视角下的中国城市对外交流》,《大连干部学刊》
2018 年第 2 期。

[28] 李自国:《"一带一路"愿景下民心相通的交融点》,《新疆师范大学学报
(哲学社会科学版)》2016 年第 3 期。

[29] 汤伟:《"一带一路"与城市外交》,《国际关系研究》2015 年第 4 期。

[30] 何刚成:《共建"一带一路":我国应急管理国际合作实践及启示——以
中国—东盟友好城市应急管理"手拉手"活动为例》,《中国减灾》2024
年第 17 期。

[31] 张家寿:《广西参与"一带一路"对外开放的战略布局》,《桂海论丛》
2015 年第 5 期。

[32] 何成学:《从大历史中增强广西参与"一带一路"的文化底蕴》,《当代广
西》2018 年第 2 期。

[33] 韦锦海:《发挥区位优势,广开生源渠道——"10+1"背景下广西东盟留
学生教育的思考(一)》,《东南亚纵横》2005 年第 7 期。

[34] 张正华、黄志敏:《国际产能合作背景下广西优势产业选择研究》,《河池
学院学报》2019 年第 5 期。

[35] 何颖、梁碧容:《深度融入"一带一路"建设广西推进高水平对外开放》,
《新西部》2023 年第 8 期。

[36] 宋国新:《共建"一带一路"十周年:重大安全成就与风险应对》,《东北
亚论坛》2024 年第 2 期。

[37] 颜少君:《新形势下"一带一路"面临的风险与中国抉择》,《开放导报》
2023 年第 1 期。

[38] 广西壮族自治区东南亚经济与政治研究院课题组、刘家凯:《广西与东盟
产业合作创新研究》,《改革与战略》2019 年第 1 期。

[39] 杨婧宇、陈强远、钱则一:《国际友好城市与中国出口贸易》,《经济理论

与经济管理》2022年第3期。

[40] 赵卫华：《越南学者怎样看中越关系》，《世界知识》2019年第15期。

报纸类：

[41] 习近平：《习近平在中国国际友好大会暨中国人民对外友好协会成立60周年纪念活动上的讲话》，《人民日报》2014年05月16日02版。

[42] 习近平：《共同构建地球生命共同体》，《人民日报》2021年10月13日02版。

[43]《习近平向河北省——艾奥瓦州结好30周年纪念活动致贺信》，《人民日报》2013年10月30日01版。

[44]《习近平向第五届中美国际友好城市大会致信》，《人民日报》2023年11月04日01版。

[45] 杜尚泽、任彦、王远：《习近平出席"共商共筑人类命运共同体"高级别会议并发表主旨演讲》，《人民日报》2017年01月20日01版。

网页类：

[46] 习近平：以丝路精神将"一带一路"建成和平、繁荣、开放、创新、文明之路 [EB/OL].（2017-05-14）[2021-08-17]. http://www.chinanews.com/gn/2017/05-14/8223503.shtml.

[47] 习近平在中国国际友好大会暨中国人民对外友好协会成立60周年纪念活动上的讲话 [EB/OL].（2014-05-15）[2025-04-13]. https://www.gov.cn/xinwen/2014-05/15/content_2680312.htm.

[48] 广西向海经济发展战略规划（2021—2035年）[EB/OL].（2021-11-15）[2025-03-09]. http://hyj.gxzf.gov.cn/zwgk_66846/xxgk/fdzdgknr/fzgh/ghjh/t11106078.shtml.

[49] 共建"一带一路"让"中国建设"在拉美成新名片 [EB/OL].（2024-11-

14）[2025－03－15]. https://world.huanqiu.com/article/ 4KFDJmM 9bQB.

[50] 刘英：如何发挥国际友好城市在"一带一路"共建中的三大作用？[EB/ OL].（2023－06－20）[2025－03－01]. http://rdcy.ruc.edu.cn/zw/jszy/ly/lygr zl/ 27addf 474d 83491083330758b 9ebf1bd.htm.

[51] 东南亚小语种人才就业遭遇短期"寒潮"前景依然广阔 [EB/OL].（2022－05－ 08）[2024－11－10]. https://m.chinanews.com/wap/detail/chs/zw/ 9749059. shtml.

外国文献和网页类：

[52] Ivo D. Duchacek, The Territorial Dimension of Politics: Within, Among, and Across Nations, London: Westview Press, 1986.

[53] Brian Hocking, Localizing Foreign Policy: Non－central Government and Multilayered Diplomacy, London: The Macmillan Press, 1993.

[54] Glocal Forum, "Globalization: Research Study and Policy Recommendations", CERFE /Glocal Forum/Think Tank on Glocalization, Rome, 2003.

[55] A.J.Sizoo, "City Diplomacy Concept Paper", Committee on City Diplomacy, Peace－Building of United Cities and Local Governments Policy Statement, 2007.

[56] A.Musch and O. Van Veldhuizen, "City Diplomacy Explanatory Memorandum", Congress of Local and Regional Authorities of the Council of Europe CPL (14) 12 REP, Strassbourg, 2008.

[57] Rogier Van der Pluijm & Jan Melissen, "City Diplomacy: The Expanding Role of Cities in International Politics", European Journal of Political Economy, 2007, 11 (3).

[58] Edwina S. Campbell, The Ideals and Origins of the Franco－German, Sister Cities Movement, History of European Ideas, 1987, 8(1).

[59] Kevin O'Toole, From Mates to Markets: Australian Sister City Type Relationships, Policy, Organisation & Society, 2000, Vol. 19(1).

[60] History about Sister Cities International [EB/OL]. (2024−11−28). https://sistercities.org/about−us/#.